믿음의 가정을 세우는
아빠의 1분 기도

ONE-MINUTE PRAYERS FOR DADS

Copyright ⓒ 2017 by Nick Harrison
Published by Harvest House Publishers
Eugene, Oregon 97402
www.harvesthousepublishers.com
All rights reserved.

Korean Edition published by Word of Life Press, Seoul, 2018
Translated and published by permission.
Printed in Korea.

믿음의 가정을 세우는
아빠의 1분 기도

ⓒ 생명의말씀사 2018

2018년 6월 29일 1판 1쇄 발행

펴낸이 | 김재권
펴낸곳 | 생명의말씀사

등록 | 1962. 1. 10. No.300-1962-1
주소 | 서울시 종로구 경희궁1길 5-9(03176)
전화 | 02)738-6555(본사) · 02)3159-7979(영업)
팩스 | 02)739-3824(본사) · 080-022-8585(영업)

기획편집 | 임선희, 김세나
디자인 | 박소정
인쇄 | 영진문원
제본 | 정문바인텍

ISBN 978-89-04-18114-8 (04230)
　　　978-89-04-70046-2 (세트)

저작권자의 허락없이 이 책의 일부 또는 전체를
무단 복제, 전재, 발췌하면 저작권법에 의해 처벌을 받습니다.

믿음의 가정을 세우는
아빠의 1분 기도

닉 해리슨 지음 이대은 옮김

생명의말씀사

contents

서문 세상의 모든 아빠에게   8

보호자   13
자녀 사랑   14
있는 그대로   15
선한 목자   16
믿음의 본   17
힘든 시간   18
아내 사랑   19
인내   20
옳고 그름   21
존경   22
친구 되기   23
고결한 성   24
주님을 경외함   25
세상의 유혹   26
분노   27
아빠와 함께하기   28
자녀들이 실수할 때   29
칭찬의 은사   30

운동경기   31
주는 것이 받는 것보다 복되다   32
기도하는 아버지   33
택함받은 자   34
괴롭힘당할 때   35
직업 윤리   36
기도의 동역자   37
할 수 있다!   38
아버지의 필수적인 역할   39
축복   40
전심전력하라   41
은혜 안에서 자라다   42
충만한 기쁨   43
성별 차이   44
삶이 힘들 때   45
아빠의 말   46
이기심 극복하기   47
아빠, 책 읽어 주세요   48
응원의 스킨십   49
천국   50
순결을 지키다   51

One-Minute Prayers

for Dads

모든 일에 하나님을 신뢰함　52
선한 청지기　53
유머감각　54
쏜살같은 시간　55
좋은 아빠　56
인재 발굴자　57
권위 존중하기　58
건강 관리　59
빛의 사자　60
절제의 열매　61
푯대를 향하여　62
강하고 담대하라　63
온전함　64
강점과 약점　65
지혜로운 입　66
오직 나와 내 집은　67
너무 바쁩니까?　68
몸으로 놀아 주기　69
팀플레이　70
공평한 결정　71
속삭이시는 하나님　72

아빠의 약속　73
제게 힘을 주소서　74
자녀를 노엽게 하지 말라　75
마음 지키기　76
하나님의 뜻 행하기　77
아빠의 눈물　78
순종하는 자녀와 편견 없는 부모　79
다른 아빠들과의 친교　80
'산당'의 위험　81
바른 징계　82
부모 공경　83
아버지의 영원한 사랑　84
성적인 죄　85
순종　86
하나님께서 정하신 선한 일　87
아빠 역시 자녀다　88
진리 안에서　89
하나님 나라의 지혜　90
하나님이 멀게 느껴질 때　91
자족　92
살아 계신 하나님　93

하나님의 영광을 위하여 94
하나님의 사랑 안에서 95
특별한 필요 96
아빠가 되는 것 97
아버지의 마음 98
선한 사람 99
은혜를 맡은 청지기 100
영적 멘토 101
자녀의 친구들 102
보는 것과 생각하는 것 103
핑계 대지 않기 104
부끄러움을 이겨 내다 105
자녀와의 여행 106
열정 나누기 107
기도를 가르치다 108
용기 109
베푸는 아버지 110
들어 주는 아빠 111
악에 맞서다 112
상상 113
의무와 책임 114
성경을 가르치라 115

서로 지체가 됨 116
용납과 포용 117
기다림 118
홀로서기 119
여호와의 아름다움 120
마침내 임할 복 121
어두운 세상의 빛 122
화살통의 화살 같으니 123
아빠의 경주 124
공급자 125
재앙에 대처하다 126
은총 127
부드러운 회초리 128
두려움에서 건지시는 분 129
아빠의 정체성 130
중보자 131
구원의 즐거움 132
하나님의 주권 133
아빠가 있는 곳 134
아버지 연습 135
교회 사랑 136
다정한 아빠 137

for Dads

온전하신 아버지　138
담대한 기도　139
악한 자의 공격　140
주께 맡기라　141
주님의 평강　142
좋은 것 주시는 분　143
아빠의 짐 이겨 내기　144
바른 정신을 지닌 아버지　145
보이지 않는 손　146
선한 목자　147
편애하지 않기　148
자녀를 향한 긍휼　149
선한 사람의 유산　150
자연, 하나님의 학교　151
큰 소리로 부르짖다　152
공급의 근원이신 하나님　153
선을 본받다　154
은밀한 죄　155
가장 중요한 책무　156
아버지의 여정　157
진리 안에서 행하다　158
친절　159

희생　160
더러운 말을 삼가다　161
짐을 나누다　162
주님의 계획　163
애국심　164
구원의 날　165
하나님의 작품　166
모든 자녀가 특별하다　167
영혼의 어두운 밤　168
사탄의 방해　169
안 된다고 말해야 할 때　170
아빠, 아버지!　171
격려자　172
기도의 전사　173
범사에 감사　174
축복의 쉼터　175
자존감 가르치기　176
자연이라는 선물　177
고아를 돌보다　178
대가 없는 선행　179
평범한 아빠가 세상을 바꾼다　180
신뢰할 만한 남자　181

서문

세상의 모든 아빠에게

　당신은 아버지로서 하나님께 고귀한 소명을 받았습니다. 이는 행복한 소명입니다. 하지만 예기치 못한 상황, 아빠나 아이의 감정 폭발, 그리고 성격 차이로 인한 갈등이 따르는 위험한 소명이기도 합니다. 때로는 '얘가 정말 우리 아이 맞나?'라는 생각이 들기도 합니다.

　아버지가 되어 가는 이 즐겁고도 위험한 여정은 하루하루 끊임없이 이어지는 힘든 여행과도 같습니다. 또한 어머니가 되는 것과 마찬가지로 당신의 삶에 주어지는 가장 궁극적인 실무 교육 과제이기도 합니다. 당신은 그 일을 해 나가는 동시에 배웁니다. 이것은 그 길에 성공과 실패, 수많은 즐거움과 웃음이 있음을 의미합니다. 때로는 눈물과 심적 고통을 가져오기도 합니다.

　하지만 아이들에게도 성장은 실무 교육 과정입니다. 자녀들도 이전에 해 본 일이 아니기에 성장한다는 것이 위험하기는 매한가지입니다.

기도 중에 아빠들에게 강력하게 공급하시는 하나님께 감사를 드립니다. 당신이 아버지가 되어 가는 길 어디에 있든지 기도는 강력한 수단입니다. 매일 기도한다면 더욱 그렇습니다. 물론 아버지들은 모두 바쁩니다. 언제나 해야 할 일이 있고 사랑하는 아내가 부탁한 집안일도 해야 합니다. 교회에서도 그들을 찾습니다. 하지만 아무리 바쁘더라도 하늘 아버지와 맺은 관계가 삶의 우선순위가 되어야 합니다.

당신은 매우 분주하여 기도할 수 없다고 스스로를 방치해서는 안 됩니다. 그런 이유로 짤막한 기도문을 담은 이 책이 가족을 위해 기도하려는 당신에게 새 힘을 불어넣을 수 있기를 바랍니다.

One-Minute Prayers

　이 책의 기도문은 짧습니다. 그렇지만 "아멘."으로 끝나지는 않습니다. 그 이유는 당신이 여기에 적힌 글을 따라 읽으며 기도하다가 마지막 문장을 넘어서 계속 기도할 수 있기 때문입니다. 자신만의 언어를 조금이라도 더하기를 바랍니다. 제가 제안하는 내용을 당신 가족이 처한 상황에 맞도록 조정하십시오.

　각 기도문 앞에는 그날의 주제를 다룬 짧은 글이 있습니다. 몇몇 주제는 중요하기 때문에 강조를 위해 반복하기도 했습니다.

　아빠들이여, 아버지가 된다는 것은 하나님께 복을 받는 것입니다. 당신이 받은 복을 매일 누리십시오. 그것이 무엇이든 간에 말입니다.

for Dads

보호자

나는 여호와를 향하여 말하기를 그는 나의 피난처요 나의 요새요 내가 의뢰하는 하나님이라 하리니(시 91:2).

아빠의 우선적인 역할은 보호자입니다. 가족들이 당신이 그들을 보호해 준다는 사실을 신뢰하게 해야 합니다. 이것은 하늘 아버지께서 그들을 보호해 주신다는 사실을 신뢰하게 합니다. 당신이 반드시 보호해야 할 것은 육체적, 정신적, 심리적인 것일 수도 있고, 아이들의 개별적인 욕구와 관련된 것일 수도 있습니다.

하나님, 저는 하나님께서 맡겨 주신 자녀들을 사랑합니다. 필요하다면 제 생명이라도 다하여 자녀들을 보호하겠습니다. 하지만 저는 자녀들을 지키는 또 다른 방법이 있다는 사실을 알고 있습니다. 원수들이 쏘는 불화살에서, 자녀들의 마음을 앗아가려는 세상 유혹에서, 또한 제가 전혀 알지 못하는 내적인 상처에서 자녀들을 지켜 내야 합니다.

주님은 저를 제 아이들의 보호자로 정하셨습니다. 제가 끊임없이 아이들의 몸과 영혼을 위협하는 모든 위험을 살피려면 아버지께서 저를 도우셔야 합니다. 제가 아이들을 지키고 설 때 저를 지키소서. 제가 아이들의 피난처가 되듯이, 주님께서도 저를 위험에서 구원하시는 피난처가 되소서. 주님, 주님 한 분만을 신뢰합니다.

자녀 사랑

아버지께서 아들을 사랑하사 만물을 다 그의 손에 주셨으니(요 3:35).

모든 아빠의 마음에는 자녀들을 향한 사랑이 천성적으로 내재되어 있습니다. 하지만 그리스도인인 당신에게는 또 다른 사랑의 근원이 있습니다. 바로 자녀들을 사랑할 때 하나님의 사랑으로 사랑하는 것입니다. 또한 자녀들이 하나님의 자녀라는 사실도 압니다. 이러한 깨달음은 이 땅의 부성애보다 더 깊은 사랑의 일면을 보게 해 줍니다.

주님, 저는 여느 아빠만큼이나 제 자녀들을 사랑합니다. 하지만 저는 이것으로 충분하지 않습니다. 주님이 저를 사랑하신 것처럼 자녀들을 사랑하고 싶습니다. 주님이 저를 사랑하신 그대로 말입니다.

자녀들의 불순종과 미성숙과 판단의 실수를 포용하고 넘기게 해 주시기 원합니다. 또한 자녀를 있는 그대로 바라보고 용납하게 하소서. 주님이 분명 저를 그렇게 사랑해 주셨기 때문입니다.

주님, 저를 통하여 자녀들이 하나님의 사랑을 보게 하소서.

있는 그대로

세상에 있는 자기 사람들을 사랑하시되 끝까지 사랑하시니라(요 13:1).

하나님은 종종 예상하지 못했던 자녀의 모습으로 당신을 놀라게 하십니다. 예컨대 당신은 조용한데 자녀는 시끄럽습니다. 반대로 당신은 산만한데 자녀는 차분합니다. 당신은 운동을 좋아하는데 자녀는 피아노를 배우고 싶어 합니다. 그러나 당신이 그 자녀의 아빠가 된 것은 하나님이 그렇게 정하셨기 때문입니다. 하나님께서 모든 아버지에게 실수 없이 자녀들을 정해 주셨다는 사실을 받아들이십시오. 그리고 모든 자녀를 있는 그대로 사랑하십오.

하나님, 저는 불완전한 사람입니다. 실수하고, 때로는 죄도 짓습니다. 남자로서, 아빠로서 마땅히 해야 하는 일도 하지 않을 때가 있습니다. 하지만 그럴 때조차도 주님은 저를 사랑하셨습니다.

주님이 그렇게 하신 것처럼, 제 아이들을 아무 조건 없이 있는 그대로 받아들일 수 있기를 기도합니다. 아이들이 저와 다르다고 할지라도 사랑하겠습니다. 자녀들을 주님께서 주신 완전한 선물로 바라보겠습니다. 그 어떤 아이도 제게는 완전하지 않습니다. 오직 이 아이들만이 그렇습니다. 주님께서 이 놀라운 아이들을 저에게 맡겨 주셨습니다. 제가 이 아이들의 아버지가 되도록 하나님께서 정하셨다는 사실에 감사하며 그 심오한 의미를 실감하게 하소서.

선한 목자

나는 선한 목자라. 선한 목자는 양들을 위하여 목숨을 버리거니와(요 10:11).

"하나님은 언제나 선하십니다."라는 유명한 말이 있습니다. 아이들이 아빠인 당신을 그렇게 생각한다면 얼마나 좋을까요. 좋은 아빠가 되는 것은 어렵지 않습니다. 시간을 내어 그저 아이들의 이야기를 들어 주고, 함께 소통하며, 아이들이 사랑을 느낄 수 있도록 돌봐 주기만 하면 됩니다. 간단히 말해 좋은 아빠가 되는 것은 선한 방법으로 자녀들을 사랑하는 것입니다.

하나님 아버지, 옛날 서부 영화를 보면 흰 모자를 쓴 사람이 착한 사람이라는 사실을 바로 알아볼 수 있었습니다. 반면에 악당들은 언제나 검은 모자를 썼습니다. 그런데 저는 종종 제가 회색 모자를 써야 하는 것은 아닌가 생각합니다. 그러나 하나님은 흰 모자를 쓴 아빠들의 주님이십니다. 다른 누구보다도 저의 선한 아버지이십니다. 주님은 제 목자이십니다.

주님, 제가 자녀들에게 흰 모자를 쓴 아빠, 선한 목자가 될 수 있기를 간절히 원합니다. 자녀들이 '우리 아빠는 참 좋아, 정말 좋은 아빠야.'라고 생각하기를 원합니다. 오늘 저를 도우셔서 실질적으로, 그리고 분명하게 자녀들을 얼마나 사랑하는지 그들에게 표현하게 하소서.

믿음의 본

내 형제들아 너희가 여러 가지 시험을 당하거든 온전히 기쁘게 여기라. 이는 너희 믿음의 시련이 인내를 만들어 내는 줄 너희가 앎이라. 인내를 온전히 이루라. 이는 너희로 온전하고 구비하여 조금도 부족함이 없게 하려 함이라(약 1:2-4).

아이들의 신앙이 실제로 어떻게 드러나는지 봐야 합니다. 만약 아이들이 당신의 삶에서 의심과 두려움과 부정적인 마음을 본다면, 그러한 본을 따를 것입니다. 그렇게 된다면 아이들은 아마도 불행한 삶을 살게 될 것입니다. 하지만 당신이 역경 중에도 굽히지 않는다면, 어려움이 닥쳤을 때 어떻게 해야 하는지 자녀들이 보고 배울 수 있을 것입니다. 자녀들에게도 어려움은 분명히 닥쳐오기 때문입니다.

하나님, 주님을 잘 믿다가도 때로는 그러지 못할 때가 있습니다. 하지만 우리 아이들에게 힘들 때는 주님을 신뢰하고, 행복할 때는 주님을 찬양하는 신실한 아빠로 보이고 싶습니다.

때로 주님을 신뢰하지 못했던 것을 용서하여 주소서. 제 삶에 허락하신 모든 상황을 통해 저를 더 깊은 믿음으로 이끌어 주시기를 기도합니다. 담대하게 주님이 제게 주신 시험을 인내할 수 있기를 구하겠습니다. 그렇게 한다면 아이들이 신실한 아빠가 삶에 닥친 도전을 어떻게 이겨 내는지 볼 것입니다.

힘든 시간

그의 영광의 힘을 따라 모든 능력으로 능하게 하시며 기쁨으로 모든 견딤과 오래 참음에 이르게 하시고(골 1:11).

아빠가 되는 여정에 쉬운 길만 있는 것은 아닙니다. 일이 잘 풀리는 것 같다가도 느닷없이 좋은 아빠가 되는 것을 막는 방해물이 등장합니다. 아마도 그것은 당신이 살면서 당하는 힘든 일일 것입니다. 하지만 그 일이 어떤 아빠가 될지에 영향을 미친다는 사실을 깨닫는다면, 꼭 해야 할 일을 놓치지 않을 것입니다. 힘든 시기를 통과해 나갈 때 꼭 해야 할 일은 아이들에게 아빠를 위해서 기도해 달라고 요청하는 것입니다. 하나님은 아이들의 기도를 들으십니다.

하나님, 요즈음 너무 힘듭니다. 주님은 제 상황을 아십니다. 제가 어떻게 반응했는지, 그리고 좋은 아빠가 되려는 것을 어떻게 망쳤는지도 아십니다. 날마다 주어지는 이 어려운 일들에 어떻게 반응해야 할까요? 그 길을 가르쳐 주시기를 기도합니다. 저를 바꿔 주시거나 상황을 변화시켜 주소서. 우리 가정에 평화가 있기를 기도합니다. 훗날 아이들이 이때를 회상할 때 아빠가 어려운 상황을 잘 이겨낸 시간으로 기억하기를 기도합니다. 주님께서 들으시고 응답하실 것을 믿습니다. 이 어려운 시기가 얼른 지나가는 것에 그치지 않게 하소서. 자녀들에게 기도의 능력을 보여 주소서.

아내 사랑

남편들아 아내 사랑하기를 그리스도께서 교회를 사랑하시고 그 교회를 위하여 자신을 주심같이 하라(엡 5:25).

남자인 당신은 아내이자 자녀들의 어머니인 그 여인을 사랑하도록 부르심 받았습니다. 아이들이 엄마와 아빠가 연합하는 모습을 볼 수 있다면, 결혼이 어떻게 그리스도와 그리스도의 신부를 보여 주는 본이 되는지 쉽게 설명할 수 있습니다. 반대로 부부 사이에 불화가 있다면 아이들을 불안하게 만들 뿐 아니라 기독교에 대해 왜곡된 심상을 품게 됩니다.

하나님, 제게 주신 아내가 얼마나 놀라운 선물인지요. 주님은 제게 이 세상 모든 여자 중에서 그녀를 만나게 하셨고, 우리를 부부로 세워 주셨습니다. 아이들도 주셨습니다. 주님, 저는 제가 할 수 있는 최고의 방식으로 제 아내를 존중하겠습니다. 필요하다면 생명도 내놓겠습니다. 예수님이 교회를 위해서 하신 것처럼 말입니다.

아내를 위해 기도합니다. 아내를 하나님의 사람으로 세워 주소서. 하나님의 임재로 불러 주소서. 제가 아내를 사랑하고 귀하게 여긴다는 것을 보여 줄 수 있도록 창조적인 생각을 허락해 주소서.

하나님 아버지, 제게 이 여인의 남편과 이 자녀들의 아버지가 되는 귀한 소명을 주셔서 감사합니다.

인내

만일 우리가 보지 못하는 것을 바라면 참음으로 기다릴지니라(롬 8:25).

아빠가 된다는 것은 평생에 걸친 소명입니다. 당신은 하늘 고향으로 부름받을 때까지 자녀들에게 아버지가 될 것입니다. 아버지로 있는 이 오랜 세월 동안 인내가 필요합니다. 배변훈련을 할 때도 인내가 필요하고, 자전거 타는 법을 가르칠 때도 인내가 필요합니다. 큰 말썽을 일으키는 사춘기 시절에도 인내가 필요하며, 하나님이 이 세상에서 당신에게 정해 주신 처소를 찾을 때도 인내가 필요합니다. 어쩌면 바로 오늘이 아빠들에게 인내가 요구되는 날일지 모릅니다. 그렇다면 하나님이 참으며 기다리는 자들을 높이신다는 사실을 깨달으십시오.

하나님 아버지, 자녀들이 주님께서 그들의 삶에 주신 소명을 섬기며 살아갈 때, 행복과 성취감을 누리기를 소망합니다. 이 소망은 아직 현실로 이루어지지 않았고, 제 상상 속에 존재할 뿐입니다.

주님, 저는 그 소망이 실현되기를 참으며 기다리겠습니다. 주님께 시선을 고정하고, 주님이 저보다 더 간절하게 이러한 일들이 자녀들에게 일어나기 바라신다는 사실을 신뢰하겠습니다. 이루어 주소서. 제 아이들에게 강력한 소망을 일으켜 주소서.

주님을 찬양합니다!

옳고 그름

악을 선하다 하며 선을 악하다 하며 흑암으로 광명을 삼으며 광명으로 흑암을 삼으며 쓴 것으로 단 것을 삼으며 단 것으로 쓴 것을 삼는 자들은 화 있을진저 (사 5:20).

아빠에게서 옳고 그름을 배우지 못한 자녀들이 많습니다. 하지만 자녀들은 무엇이 옳고 그른지를 반드시 배워야 합니다. 좋은 아빠는 자녀들에게 고결, 정직, 진실을 가르칩니다. 또한 살면서 만나게 되는 사람들이 모두 그러한 가치를 중요하게 여기는 것은 아니라는 사실도 가르칩니다. 그러므로 자라나는 자녀들은 선을 따르고 악을 피하는 법을 배워야만 합니다.

주님, 오늘날에는 옳고 그름을 분별하는 것 자체가 엄청난 도전입니다. 때로는 악이 선으로 여겨지고, 선이 악으로 여겨집니다. 아이들 마음에 옳고 그름에 대한 주님의 지각을 심게 하소서. 그리하여 현시대의 문화가 가르치는 잘못된 가치에 맞서게 하소서. 텔레비전 프로그램이든, 사회에서 일어나고 있는 사건이든, 학교에서 겪는 일이든, 필요한 순간이라면 선의의 목소리를 낼 수 있게 도우소서.

제게 볼 수 있는 눈을 주시고, 아이들에게는 들을 수 있는 귀를 주소서.

존경

범사에 네 자신이 선한 일의 본을 보이며 교훈에 부패하지 아니함과 단정함과 책망할 것이 없는 바른 말을 하게 하라. 이는 대적하는 자로 하여금 부끄러워 우리를 악하다 할 것이 없게 하려 함이라(딛 2:7-8).

모든 아빠는 자녀들의 존경을 받기 원합니다. 하지만 당신 역시 자녀를 존경하며, 공정하고 존엄하게 대해야 합니다. 아빠는 자녀들을 '바른말'로 지지해 주어야 합니다. 그리하여 자녀들이 당신에게, 그리고 하나님께 얼마나 특별한 존재인지 알 수 있게 해 주어야 합니다.

하나님 아버지, 제가 선행의 본보기로서 고결하고 존엄하게 살아가는 사람이 되도록 저 자신을 드립니다. 제 입을 주관하여 주소서. 그래서 특히 자녀들과 함께 있을 때 그들의 마음을 아프게 하지 않고, 자녀들을 북돋우며 바른말을 하게 하소서.

아이들이 아빠인 저를 나쁘게 이야기하지 않게 되기를 원합니다. 저는 다른 누구의 의견보다도 아이들의 의견을 높이 평가하겠습니다.

오늘 저 자신을 드리오니 받아 주소서. 그리고 저를 사용하셔서 그리스도인 아버지의 본이 되게 하소서.

친구 되기

사랑이 언제나 끊어지지 않는 것이 친구이고(잠 17:17, 새번역).

하나님은 당신을 자녀들의 아빠로 부르셨습니다. 하지만 자녀가 성장하면 그들의 친구도 되어야 합니다. 이것은 자녀들이 어릴 때 그들과 얼마나 소통했느냐에 달려 있습니다. 지금부터 자녀들을 존중하고, 그들이 좋아하는 것을 배우고, 기회가 있을 때마다 자녀들을 지지해 주고, 무엇보다도 언제나 자녀들을 사랑하면서 그들과 맺게 될 미래의 우정의 토대를 쌓아야 합니다.

하나님 아버지, 주님은 저의 가장 좋은 친구입니다. 주님은 저의 모든 것을 아시면서도 저를 받아 주십니다. 언제나 저를 사랑하십니다. 그래서 저는 주님을 찬양하고 경배합니다.

제가 지금은 자녀들의 아빠이지만, 언젠가는 그들과 친구도 되고 싶습니다. 자녀들이 청소년이 되면 저에게 조언을 구하지 않게 되고, 그렇게 우리의 관계가 변하겠지만, 자녀들과 맺게 될 미래의 우정이 강하게 지속되기를 바랍니다.

저를 도우사 자녀들이 어른이 되었을 때 우정으로 변할 수 있는 관계를 만들게 하소서. 자녀들에게 진정으로 제 사랑을 보이게 하소서. 주님이 제게 그러셨듯이 저도 그들에게 언제나 사랑을 베풀고, 언제나 충실하며, 언제나 지속되는, 그런 친구가 되게 하소서.

고결한 성

하나님의 뜻은 이것이니 너희의 거룩함이라. 곧 음란을 버리고(살전 4:3).

조사에 따르면 많은 그리스도인 남성이 음란물의 포로로 살고 있습니다. 이 죄는 아버지의 자격에 균열을 일으킵니다. 부도덕한 성의 노예가 되어 버리면 절대로 경건한 사람이 될 수 없습니다. 뿐만 아니라 아이들이 곧 그 사실을 알아차리게 됩니다. 어떻게든 음행을 삼가는 법을 배우십시오. 이 일을 함께 할 사람을 찾으십시오. 음란물 차단 프로그램을 사용해도 좋습니다. 고결한 성을 지킬 수 있다면 어떠한 방법이라도 찾으십시오.

하나님, 세상 문화 곳곳에서 우리를 음행으로 유혹하는 것을 봅니다. 저 또한 남자로서 그러한 유혹에 약합니다. 하지만 저를 향한 하나님의 뜻은 죄를 멀리하고 성화의 길을 걷는 것입니다. 그리고 하나님의 쓰임에 맞도록 '구별된' 존재로 살아가는 것입니다.

음행에 사로잡혀 버리면 아이들에게 엄청난 해를 가하게 될 것입니다. 물론 제 아내는 말할 것도 없겠지요.

주님, 저를 지켜 주소서. 제 눈을 지켜 주시고 제 몸을 통제할 수 있도록 도우소서. 절대로 관능적인 유혹에 굴복하지 않게 하소서. 정결함을 지키도록 도우소서. 주님을 위해서, 그리고 제 아내와 아이들을 위해서 저를 구별하소서.

주님을 경외함

여호와를 경외하는 자에게는 견고한 의뢰가 있나니 그 자녀들에게 피난처가 있으리라(잠 14:26).

잠언 1장 7절은 여호와를 경외하는 것이 지식의 근본임을 전합니다. 그런데도 왜 그토록 많은 가정이 이 기초적인 교훈을 자녀들에게 가르치지 않는 걸까요? 시편 19편 9절은 주님을 경외하는 도는 "정결하여 영원까지 이르고"라고 전합니다. 따라서 당신은 아빠로서 자녀들이 주님을 경외하도록 가르쳐야 합니다.

주님, 오늘날 세상에서는 주님을 경외하는 모습을 거의 찾아볼 수 없습니다. 대부분의 사람들이, 심지어 그리스도인들까지도 하나님을 경건하게 경외하며 살아가는 법을 잊어버렸습니다. 하지만 주님을 바르게 경외할 때 저는 강력한 확신을 품을 수 있습니다. 자녀들에게는 피난처가 생길 것입니다.

주님을 경외하는 것이 두려운 일이 아니라 좋은 일이 되게 하셔서 감사합니다. 주님을 경외한다는 것은 주님을 바르게 알고 사랑하는 것입니다. 아버지들이 주님을 진정으로 경외할 수 있도록 든든히 세워 주소서. 그리하여 그들이 하는 모든 일에 강한 확신을 품고 임하게 하소서.

세상의 유혹

이는 세상에 있는 모든 것이 육신의 정욕과 안목의 정욕과 이생의 자랑이니 다 아버지께로부터 온 것이 아니요 세상으로부터 온 것이라. 이 세상도, 그 정욕도 지나가되 오직 하나님의 뜻을 행하는 자는 영원히 거하느니라(요일 2:16-17).

당신을 유혹하는 것은 무엇입니까? 야망입니까? 돈입니까? 아니면 물질입니까? 그것이 무엇이든, 그것은 아마도 당신이 아빠로 보내야 할 시간을 앗아갈 것이고, 당신이 계속 만족하지 못하게 할 것입니다. 많은 사람이 그리스도로 만족하지 못하기 때문에 다른 만족을 찾아 세상에 관심을 기울입니다. 이는 퇴로가 없는 미로에 들어서는 것과 같습니다. 세상을 향한 갈망을 제쳐 두고 아버지가 되는 데 집중한 아빠들은 결국 행복이 있는 목적지에 다다를 것입니다.

하나님, 때로 저는 이 세상의 화려함에 현혹됩니다. 하지만 이 세상의 유혹을 따라가기로 고집하면 큰 손해를 입게 된다는 것을 압니다. 하나님, 제게는 주님의 나라가 이 세상보다 훨씬 더 중요합니다. 오늘도 화려한 것들이 제 앞에 나타날 것입니다. 제가 그것의 본질을 깨닫고 거절하도록 도와주소서. 그것은 위조품에 불과합니다.

오직 주님에게서 앞으로 임할 세상의 즐거움을 얻게 하소서. 그것은 바로 주님의 나라와 주님의 영원한 통치입니다.

분노

분을 내어도 죄를 짓지 말며 해가 지도록 분을 품지 말고(엡 4:26).

때로는 분을 내는 것이 옳을 때도 있습니다. 때에 맞는 분노는 하나님이 주신 정당한 감정입니다. 예수님도 분노하셨습니다. 바울도 분노했습니다. 당신도 분노할 것입니다. 하지만 바르게 다루지 못하거나 정당하지 않게 발하는 분노는 파괴적일 수 있습니다. 가족을 향할 때는 더욱 그렇습니다. 아빠는 좌절하게 하는 상황이나 잘못된 상황에 대응하는 수단으로 분노를 통제하며 정당하게 사용하는 법을 배워야 합니다. 특히 자녀 때문에 분노를 발하는 것이라면 더욱더 책임감 있게 행동해야 합니다. 분노하여 내뱉은 말은 되돌릴 수 없기 때문입니다.

하나님, 하나님은 때로 제가 아이들 때문에 분노한다는 사실을 아십니다. 때로는 분노하다가 의도치 않은 말을 하거나 나중에 후회할 일을 저지르기도 합니다. 제 분노를 정당하게 다루도록 도와주소서. 분노로 문제를 확대하는 것이 아니라 바른 해결책을 내는 방법을 보여 주소서.

주님, 저를 진정시켜 주소서. 하나님의 영으로 저를 채워 주소서. 인내, 화평, 희락, 사랑의 열매로 채워 주소서. 안정시켜 주소서. 감정을 가라앉혀 주소서.

아빠와 함께하기

주께서 생명의 길을 내게 보이시리니 주의 앞에는 충만한 기쁨이 있고 주의 오른쪽에는 영원한 즐거움이 있나이다(시 16:11).

아이들과 함께 보내는 시간은 양보다 질이 중요하다는 말이 있습니다. 감사하게도 이 말은 사실이 아닙니다. 시간의 양과 질 모두 중요하기 때문입니다. 아이들은 아빠의 존재라는 선물이 필요합니다. 이를 실천할 수 있는 한 가지 방법이 있습니다. 주말에 간단한 볼일이 있을 때 아이들에게 함께 가겠냐고 묻는 것입니다. 토요일에 친구들과 골프를 치는 대신 아이들을 미니 골프장에 데려가십시오. 가능한 자녀들과 오래 있어 주십시오. 시간의 양과 질이 더해질 때 더 행복한 가정이 됩니다.

하나님 아버지, 제가 하나님의 자녀가 되었다는 것이 얼마나 큰 특권인지요! 저의 아버지가 되어 주셔서 감사합니다. 제가 하루하루 지낼 때마다 주님이 함께하심을 누리며 살아갑니다. 주님의 오른쪽에 있는 충만한 기쁨과 영원한 즐거움에 감사드립니다.

제 삶의 모든 순간에 함께해 주셔서 감사합니다. 특별히 제가 주님을 따라 제 아이들에게 좋은 아버지가 되려고 할 때 저와 함께하소서. 아이들이 제 앞에서 온전한 기쁨을 누리게 하시고 저에게도 온전한 기쁨이 있게 하소서.

자녀들이 실수할 때

그러나 사유하심이 주께 있음은 주를 경외하게 하심이니이다(시 130:4).

자녀들이 잘못을 저질렀을 때, 당신에게 용서를 구하기 위해 달려옵니까, 아니면 두려워하며 도망갑니까?
좋은 아빠는 하나님처럼 용서를 잘하고, 깨진 관계를 회복하는 일의 전문가입니다.

하나님, 저를 용서해 주셔서 감사합니다. 제 모든 죄는 사라졌고, 주 예수 그리스도의 피로 씻음받았습니다. 그렇기 때문에 제 아이들이 죄를 저지를 때도 그들을 참겠노라 기도합니다. 또한 우리 자녀들이 용서 가운데 누리는 자유를 일찍부터 배우기를 기도합니다. 하나님께 죄를 저질렀을 때도 속히 하나님께 달려가는 법을 배우도록 기도합니다. 아빠나 엄마에게 죄를 저질렀을 때도 기꺼이 달려올 수 있는 아버지가 되기를 간구합니다.

주님께서 제게 그러셨듯이, 저도 아이들에게 용서와 자비의 본이 되도록 도우소서.

칭찬의 은사

형제들아 무엇에든지 참되며 무엇에든지 경건하며 무엇에든지 옳으며 무엇에든지 정결하며 무엇에든지 사랑받을 만하며 무엇에든지 칭찬받을 만하며 무슨 덕이 있든지 무슨 기림이 있든지 이것들을 생각하라(빌 4:8).

아이들은 어릴 때 들은 단어를 오래 기억합니다. 그 단어가 좋든 나쁘든 다 기억합니다. 아이들의 마음 상태는 녹음기와 같기 때문에 아빠가 말한 비난과 칭찬을 모두 흡수하고 오랫동안 재생합니다. 그리고 그중에서 특히 기억에 남는 몇 가지 단어는 아이들의 자의식 형성에도 영향을 미칩니다. 아빠인 당신은 자녀들의 두뇌에 긍정적인 자아상을 각인할 힘을 지니고 있습니다. 자녀들을 칭찬할 작은 기회도 흘려보내지 마십시오. 자녀들에게 비판의 말을 가하기 전에 다시 한 번 생각하십시오.

하나님 아버지, 칭찬받을 일을 많이 하는 자녀들을 주셔서 감사합니다. 제 자녀가 무언가를 탁월하게 했을 때 칭찬해 줘야 한다는 사실을 기억하게 하소서. 제가 사용하는 단어가 중요하다는 것을 압니다. 비난의 언어를 긍정과 칭찬의 언어로 바꾸어 주소서. 이 미덕을 제 삶에 녹여 내게 하소서.

주님, 오늘도 아빠로서, 그리고 제 일에서 탁월함을 발휘하고 칭찬받을 만한 일을 하도록 기회를 찾겠습니다.

운동경기

경기하는 자가 법대로 경기하지 아니하면
승리자의 관을 얻지 못할 것이며(딤후 2:5).

자녀들은 운동경기에서 훌륭한 교훈을 얻습니다. 그중 하나는 잘 이기는 법과 잘 지는 법을 배우는 것입니다. 자녀들이 최선을 다했다면 져도 부끄러운 것이 아니라는 사실을 가르칠 수 있습니다.

팀워크도 스포츠에서 배울 수 있는 위대한 교훈입니다. 경쟁도 규칙에 따라 하기 때문입니다. 아빠들은 자녀들이 좋아하는 게임이나 운동이 무엇인지 찾고 함께 배워야 합니다. 이 엄청난 교훈의 기회를 놓치지 마십시오. 가르치는 동시에 즐거움도 누리십시오!

주님, 온갖 스포츠와 게임을 주셔서 감사합니다. 저는 아이들과 함께 노는 것이 참 좋습니다. 운동은 삶, 공정함, 규칙 준수에 대해 가르칠 수 있는 탁월한 도구입니다. 어떻게 정당한 승리의 즐거움을 누리고 패배의 슬픔을 받아들여야 하는지 가르칠 수 있습니다.

아빠로서 인생을 살아가며, 사도 바울처럼 그리스도인의 삶과 운동경기의 유사성을 보게 해 주시기를 기도합니다. 저는 승자의 왕관을 원합니다. 그래서 주님이 주신 규칙에 따라 경쟁합니다. 자녀들에게도 그 규칙을 가르치겠습니다. 그들도 승자가 되기 원한다는 사실을 알기 때문입니다.

주는 것이 받는 것보다 복되다

주 예수께서 친히 말씀하신 바 주는 것이 받는 것보다 복이 있다 하심을 기억하여야 할지니라(행 20:35).

삶은 주는 자들과 받는 자들로 이루어집니다. 훌륭한 아빠는 베풂을 삶의 자연스러운 부분으로 가르치고 모범을 보입니다. 선교사, 지역 교회, 또는 암 지원 단체에 후원할 때 자녀들과 함께 하십시오. 자녀들에게 용돈의 일부를 드리게 하고 그들을 위해 기도하는 법을 가르치십시오. 어릴 때부터 받는 것보다 주는 것이 더 큰 복이 된다는 사실을 경험하도록 훈련하십시오.

주님, 저는 베풀 때마다 복을 받습니다. 주님께서는 베풂의 본을 보여 주셨습니다. 우선 제게 삶을 주셨고, 그리스도를 통한 영생을 주셨습니다. 가족을 주셨고, 끊임없이 공급의 수단을 베푸셨습니다. 주님의 베푸심을 통해 우리 가족은 엄청난 복을 받았습니다.

우리 가족이 받기보다 베푸는 것을 목표로 삼기를 기도합니다. 매일매일 도우셔서 다른 사람들에게 베풀 수 있는 길을 보게 하소서. 온 가족에게 베푸는 것이 습관이 되게 하소서. 특히 제 자녀들이 그렇게 되게 하소서.

기도하는 아버지

여호와께서 내 간구를 들으셨음이여
여호와께서 내 기도를 받으시리로다(시 6:9).

모든 그리스도인 아빠의 첫째 의무는 자녀들을 위해 규칙적으로 기도하는 것입니다. 당신도 자녀들의 행복, 건강, 미래, 친구 등 자녀들과 관련된 모든 것을 위해 기도합니다. 이는 아빠가 절대로 놓치지 말아야 할 위대한 특권입니다. 날마다 아이들을 위해 기도할 시간을 따로 확보하십시오. 그들의 이름을 부르며 한 명 한 명 기도하십시오.

주님, 기도하는 아빠가 될 수 있는 특권을 주셔서 감사합니다. 저는 주님이 제 구세주일 뿐 아니라 하늘 아버지, 보혜사, 조력자, 그리고 제 모든 것 되심을 믿습니다. 저는 주님이 제 모든 기도를 들으시고 응답하실 것을 믿습니다. 특히 아버지로서 제 자녀들을 위해 기도드릴 때 특히 그렇습니다.

오늘 아버지의 지혜를 주시고, 자녀들에게 사랑을 표현하도록 도우소서. 또한 궁극적인 아버지이신 주님의 돌보심에 순종하도록 자녀들을 지키게 하소서.

오늘도 제 기도를 기쁘게 들으시고 받으시는 하나님 아버지를 찬양합니다.

택함받은 자

그러므로 너희는 하나님이 택하사 거룩하고 사랑받는 자처럼 긍휼과 자비와 겸손과 온유와 오래 참음을 옷 입고 누가 누구에게 불만이 있거든 서로 용납하여 피차 용서하되 주께서 너희를 용서하신 것같이 너희도 그리하고(골 3:12-13).

하나님이 당신을 자녀로 택하셨습니다. 아이들은 이 땅의 아버지로 하나님께서 당신을 택하셨다는 사실을 알아야 하고, 하나님께서 계획하신 그들의 영원한 자리가 가정 안에 있다는 사실을 이해해야 합니다. 그럴 때 엄청난 안정감을 누립니다. 모든 자녀는 그들이 '그 안에 거하는 자'라는 사실을 알아야 합니다. 당신 역시 하나님께 '그 안에 거하는 자'이듯 말입니다.

주님, 감사합니다. 저를 택하셔서 주님의 가족으로 삼으셨습니다. 제가 거룩한 존재이며, 주님께 사랑받는 존재라는 사실을 아는 것이 생명을 변화시킵니다. 그러한 깨달음은 제 안에 부드러운 마음, 연민의 마음이 생겨나게 합니다. 오늘 저를 주님으로 채워 주소서. 저를 낙심케 하는 모든 사람에게 온유하고 인내하며 용서하게 하소서.

주님, 자녀들을 위해 기도합니다. 성령께서 제 자녀들 모두를 위대한 용서자로 빚어내소서. 다른 사람들을 향한 긍휼이 넘치고, 그들의 짐을 대신 지는 위대한 일꾼이 되게 하소서.

괴롭힘당할 때

가난한 자와 궁핍한 자를 구원하여
악인들의 손에서 건질지니라 하시는도다(시 82:4).

아빠들 대부분이 어렸을 때 누군가에게 괴롭힘을 당한 기억이 있을 것입니다. 따라서 자녀가 누군가로부터 괴롭힘당할 때 제대로 대응하는 방법을 가르쳐야 합니다. 또한 이것만큼이나 중요한 것은 절대로 남을 괴롭히는 일에 참여하지 않아야 하는 이유를 가르치는 일입니다. 그들은 오히려 다른 친구들이 괴롭힘당할 때 구해 주는 자리에 있어야 합니다.

하나님, 또 누군가가 괴롭힘당했다는 이야기를 듣습니다. 그러면 아버지 된 제 마음이 찢어집니다. 아무도 그런 일을 당하지 말아야 합니다. 특히 아이라면 더욱 그렇습니다. 아빠로서 제 자녀 중 누구도 다른 아이를 괴롭히는 일이 없기를 기도합니다. 또한 제 자녀 중 누구도 괴롭힘당하는 일이 없기를 기도합니다.

제가 자녀들에게 더 민감하도록 도우소서. 자녀가 괴롭힘을 당하거나 그 사실을 인정하기 두려워 소리 없이 부르짖을 때 그 부르짖음을 듣게 하소서. 더 나아가 누군가 괴롭힘을 당할 때 제 아이들이 나서서 막을 수 있도록 가르치게 하소서. 약한 자와 도움이 필요한 자를 돕고, 그들을 악한 손에서 구하도록 가르치게 하소서.

직업 윤리

무슨 일을 하든지 마음을 다하여 주께 하듯 하고
사람에게 하듯 하지 말라(골 3:23).

많은 아이들이 일을 괴로운 것, 혹은 미뤄야 할 것으로 배웁니다. 비디오 게임을 하거나 텔레비전을 보는 것이 훨씬 재미있기 때문입니다. 하지만 좋은 아빠는 자녀들에게 일을 소중히 여기는 강력한 직업 윤리를 가르쳐야 합니다. 자녀가 어른이 되었을 때 그 어떤 가르침도 이보다 유익하지는 않을 것입니다. 일은 벌이 아니라 선물입니다.

하나님 아버지, 하나님께서는 저에게 벌이 아닌 선물로 일을 주셨습니다. 저는 육체와 정신으로 노동하여 가족에게 필요한 것을 공급할 수 있습니다. 제가 할 수 있는 일을 주셔서 감사합니다. 사람이 아닌 아버지께 하듯 일하겠습니다.

아빠로서 아이들에게 건전한 직업 윤리를 전수할 것을 결심합니다. 저는 자녀들이 일을 즐기는 부지런한 일꾼들이 되기를 원합니다. 일이 즐겁기 때문이 아니라, 하나님께서 자녀들에게 주신 영예로운 것이기 때문에 그렇습니다.

주님, 저에게 일이라는 축복을 주셔서 감사합니다.

기도의 동역자

두세 사람이 내 이름으로 모인 곳에는 나도 그들 중에 있느니라(마 18:20).

자녀들이 자신을 위해 기도하는 소리를 듣는 것보다 아빠의 마음을 뿌듯하게 할 수 있는 일이 과연 무엇일까요? 자녀들에게 기도의 동역자가 서로를 위해 어떻게 기도하는지 설명해 주십시오. 자녀들을 당신의 기도 동역자로 삼고 때때로 기도 제목을 나누자고 요청하십시오. 혹은 엄마나 형제를 기도의 동역자로 삼게 하십시오. 서로를 위한 기도는 사랑을 세우고 결속력을 증진합니다.

하나님 아버지, 자녀와 기도할 때 우리는 주의 이름으로 모입니다. 그러면 주님께서는 그곳에 계시겠다고 약속하셨습니다. 제가 자녀를 위해 기도하는 것은 당연한 일이며, 제 자녀가 저를 위해 기도하는 것도 바른 일입니다.

주님, 제가 자녀를 저의 '기도의 동역자'로 삼고, 기도의 동역자란 날마다 기도로 서로를 세워 주는 것이라고 설명해 준다면 얼마나 좋을까요? 우리가 그렇게 할 때 귀하게 여겨 주시기를 기도합니다. 제가 자녀를 위해 기도할 때, 또 자녀가 저를 위해 기도할 때 함께하여 주옵소서. 자녀들의 기도와 자녀를 위한 저의 기도에 능력을 더하소서.

할 수 있다!

내게 능력 주시는 자 안에서 내가 모든 것을 할 수 있느니라(빌 4:13).

때로는 당신에게 닥친 일이 매우 어렵게 느껴지거나 도저히 감당할 수 없을 것처럼 여겨지기도 합니다. 그러나 하나님은 모든 아빠에게 매일 아빠의 역할을 감당하기에 필요한 힘을 주십니다. 피곤함은 순간에 불과하다는 사실을 명심하십시오. 하나님께서 오늘 필요한 에너지를 주실 것입니다. 복잡한 일들이 잠잠해질 때까지 견뎌낼 수 있습니다. 언제나 그랬던 것처럼 말입니다.

주님, 아빠가 되는 데 필요한 모든 것과 힘을 주소서. 제 안에는 하나님께서 심으신 아빠의 달란트가 있습니다. 때로는 그 달란트에 기름을 칠하고 다듬어야 합니다. 때로는 그저 제가 원하는 아버지가 될 수 있다는 사실을 확신하기 원합니다.

저를 창조하실 때 이 위대한 역할을 수행하는 데 필요한 모든 은사를 주셔서 감사합니다! 저는 이 위대한 역할을 잘 감당해야 합니다. 제가 약해지거나 확신하지 못할 때, 제 감정에 의지하지 않게 해 주시고 부족한 면에 집중하지 않도록 저를 일깨워 주소서. 오히려 저만이 소유한 은사에 예민하게 해 주시고, 성령을 통하여 그 은사들을 지혜롭게 사용할 수 있도록 능력을 주소서.

아버지의 필수적인 역할

너는 사람이 그 아들을 징계함같이 네 하나님 여호와께서 너를 징계하시는 줄 마음에 생각하고(신 8:5).

어떤 아빠는 자녀를 징계하기 꺼립니다. 하지만 징계는 아버지의 필수적인 역할입니다. 징계를 받지 않은 아이는 어른이 되어도 자신을 통제하지 못합니다. 물론 효과적인 징계 방식은 아이마다 다르지만, 바르게 징계받은 아이는 어떤 상황에서도 나쁜 결정을 내리지 않습니다. 자녀에게 적합한 방식을 찾으십시오. 그리고 불순종한 행동에 대해서만 징계하십시오. 우유를 쏟는 것 같은 잘못은 징계의 대상이 아닙니다. 절대로 분노하며 징계하지 마십시오.

하나님 아버지, 주님의 징계가 제게 어떤 결과를 낳았는지 압니다. 받아들이기 어려웠지만, 분명 저에게 필요했습니다. 주님께 징계를 받아 배운 것이 있다면, 제 자녀들에게도 사랑으로 징계하는 아버지의 재능을 발휘하도록 도와주소서. 분노에 휩싸여, 잘못된 이유로, 자녀들의 이야기를 듣지 않고 징계를 내리지 않겠습니다.

하나님께서 제 자녀 각자에게 가장 잘 맞는 징계 방법을 보여 주시기를 기도합니다. 무엇보다도 아이들이 제가 항상 그들을 사랑한다는 사실을 알게 하소서. 그리고 저의 징계가 그 사랑의 한 방법이라는 사실을 알게 하소서.

축복

이에 뭇 백성은 각각 그 집으로 돌아가고 다윗도 자기 집을 위하여 축복하려고 돌아갔더라(대상 16:43).

많은 아빠가 자신들이 가정에서 얼마나 중요한 존재인지 깨닫지 못하고 있습니다. 가정에서 아버지의 역할을 비하하는 것이 현대적인 사고방식입니다. 특히 텔레비전 시트콤에서 그렇습니다. 하지만 좋은 아빠는 대부분의 아이가 필요로 하고, 때로는 갈망하기까지 하는 대상입니다. 그리스도인 아빠들이여, 당신이 가정에서 얼마나 귀중한 존재인지 인식하십시오! 위기의 때에 일어나서 당신의 집을 축복하십시오.

주님, 제가 일을 마치고 집에 들어가는 것이 우리 가족에게 축복이 되고, 또한 제게도 축복이 되게 하소서. 어떤 날은 제가 오히려 축복이 필요한 사람이고, 아이들이 제가 정신을 차리도록 도와주는 경우가 있습니다. 아이들과 아내는 제 축복의 근원입니다. 가족이 저를 지탱하고 격려합니다. 하지만 가끔은 가족이 저를 낙망하게도 합니다. 그럼에도 불구하고 가족은 저의 보물입니다.

아이들과 아내를 허락하신 주님께 감사를 드립니다. 오늘도 아빠가 되게 하신 것, 특별히 그들의 아빠가 되게 하신 축복에 감사드립니다.

전심전력하라

네 속에 있는 은사 곧 장로의 회에서 안수 받을 때에 예언을 통하여 받은 것을 가볍게 여기지 말며 이 모든 일에 전심전력하여 너의 성숙함을 모든 사람에게 나타나게 하라(딤전 4:14-15).

시간이 흐를수록 아빠들은 자신이 맡은 아버지의 역할에 진보가 있기를 기대해야 합니다. 실수는 언제나 있을 수 있습니다. 하지만 아빠인 당신이 자녀들을 친밀하게 알수록 자녀들과 더 효과적으로 소통할 수 있습니다. 연습이 완벽을 만듭니다. 그리고 아빠라는 임무는 24시간 내내 지속되기 때문에 아빠로 성장하는 일에 교훈이 부족해서 발전하지 못하는 일은 없습니다.

주님, 파트타임 아빠 같은 것은 없다는 사실을 잘 알고 있습니다. 그것은 마치 하나님이 파트타임이 되시는 것과 같습니다. 제가 받은 아빠의 사명은 연중무휴입니다. 항상 근무합니다. 제가 어떤 상황에 있든지 말입니다. 또한 아빠가 된다는 것은 완전히 몰입하는 것입니다. 제가 아빠로 전심전력할 때 그 진보가 모든 사람에게 명백히 보이기를 기도합니다. 특히 제 아이들에게 나타나기를 기도합니다. 아이들은 제가 결코 소홀히 할 수 없는 선물입니다. 주께서 주님의 자녀들을 소홀히 여기시지 못하는 것처럼 말입니다.

오늘도 자녀인 우리를 세밀하게 돌보시는 주님께 모든 찬양을 올려 드립니다.

은혜 안에서 자라다

오직 우리 주 곧 구주 예수 그리스도의 은혜와 그를 아는 지식에서 자라 가라.
영광이 이제와 영원한 날까지 그에게 있을지어다(벧후 3:18).

모든 그리스도인은 반드시 성장해야 합니다. 이는 아빠들에게도 똑같이 적용됩니다. 주님 안에서 성장하고 있다면 아빠로서도 성장해야 합니다. 하지만 당신이 아버지 역할에 능숙해졌을 땐 자녀들은 이미 둥지를 날아가 버린 모순을 보게 될 것입니다. 그럼에도 불구하고 하나님은 당신과 함께하십니다. 그리고 당신이 그리스도인이자 아빠로서 성장하는 데 필요한 것들을 공급하십니다.

하나님, 저를 아버지로 불러 주시고, 제게 딱 맞는 자녀들을 주셔서 기르게 하시니 감사합니다. 또한 제가 아버지로서 준비되게 하시니 감사합니다. 제가 아빠로서 무엇을 어떻게 해야 할지 모를 때가 있습니다. 그럴 때도 저는 주님의 말씀을 향해 나아가 선하신 권고를 받아야 한다는 것을 압니다.

날마다 아이들을 양육할 때, 제 안에 하나님을 아는 지식이 자라나기를 기도합니다. 그리고 아이들 역시 그러하기를 기도합니다. 우리를 향한 주님의 완벽한 뜻 안에서 우리 가족을 세워 주소서. 우리가 직면한 상황을 통해 성숙함을 더하여 주소서. 상황이 어떠하든 영원토록 영광을 올려 드리겠습니다.

충만한 기쁨

우리가 이것을 씀은 우리의 기쁨이 충만하게 하려 함이라(요일 1:4).

아버지 됨이 기쁘지 않다면 무언가 잘못된 것입니다. 일시적인 어려움 때문에 기쁨을 상실했습니까? 역경은 결국 지나갈 것입니다. 영적인 문제 때문이라면 하나님께 "위로의 때"(행 3:20, 공동번역-역주)를 구하십시오. 당신의 일이 기쁨을 앗아가고 있다면 변화를 고려해야 합니다. 소득이 줄어들더라도 말입니다. 당신과 아내 사이에 갈등이 있을 수 있지만 자녀들은 분명 이해할 것입니다. 그 갈등이 쉽사리 해결되지 않는다면 상담을 해 보십시오. 도움을 구하는 것은 부끄러운 일이 아닙니다. 그렇게 다시 본래 궤도로 돌아가 기쁨을 되찾아야 합니다.

주님, 아이들은 제게 엄청난 기쁨입니다. 하지만 참된 기쁨의 근원은 바로 주님입니다. 주님의 기쁨이 저를 움직이시기에, 저는 아버지의 역할뿐 아니라 제가 추구하는 모든 것을 잘할 수 있습니다.
어려운 상황이 제 기쁨을 앗아갈 때도 주님은 변하지 않으신다는 사실을 깨닫게 하소서. 때문에 제가 기쁨을 누리는 방법은 절대 변하지 않습니다. 기쁨을 빼앗기는 상황에서 다시 주님을 보게 하소서. 저에게 끝없는 사랑을 주셔서 감사합니다. 오늘도 저는 그 기쁨이 필요합니다.

성별 차이

아버지께서 내게 주시는 자는 다 내게로 올 것이요 내게 오는 자는 내가 결코 내쫓지 아니하리라(요 6:37).

오늘날에는 부모의 의무로 잘 언급되지 않는 것이 있습니다. 바로 자녀들이 타고난 성을 기쁨으로 받아들일 수 있도록 자녀의 성을 지지하는 것입니다. 아빠들이여, 고정 관념에 빠지지 않는다면 충분히 잘할 수 있습니다. 모든 아들이 축구팀 주장이 되는 것은 아닙니다. 모든 딸이 미인대회 퀸카가 되는 것도 아닙니다. 자녀들의 성을 용인하고 지지하면서, 그들이 원하는 대로 될 수 있도록 자유를 허락하십시오.

주님, 제가 아닌 주님께서 제 자녀들의 성을 결정해 주셨음을 믿고 감사합니다. 주님은 그들을 고유하게 창조하셨고, 바른 성을 정해 주셨습니다. 때문에 저는 그들을 귀하게 여기고, 주님께서 그들에게 주신 성을 존중합니다. 제가 자녀들을 잘 인도하여 그들이 자신의 성을 기쁘게 받아들이고 감사할 수 있도록 도와주소서. 자녀들을 남성과 여성의 역할로 잘 세워 주소서. 성에 따른 고정 관념이 없다는 사실 또한 이해하게 하소서. 자녀 모두가 주님이 지으신 소년, 소녀로 행복하게 성장하게 하소서. 그리고 자신의 성을 지키며 자신감 있는 남성, 여성으로 안전하게 자라게 하소서.

삶이 힘들 때

찬송하리로다. 그는 우리 주 예수 그리스도의 하나님이시요 자비의 아버지시요 모든 위로의 하나님이시며 우리의 모든 환난 중에서 우리를 위로하사 우리로 하여금 하나님께 받는 위로로써 모든 환난 중에 있는 자들을 능히 위로하게 하시는 이시로다(고후 1:3-4).

아빠는 모두 고통을 겪습니다. 아이들도 마찬가지입니다. 아이들도 침대에 누워 베개에 파묻혀 있고 싶은 날이 있습니다. 아빠들이여, 자녀들이 힘들다는 신호를 보낼 때 잘 포착하십시오. 언제 아픔을 혼자 해결할 수 있도록 여유를 줘야 하는지 아십시오. 또한 언제 개입하여 자녀들을 위로해야 하는지도 깨달으십시오. 하나님께서 당신을 인도하실 것입니다.

주님, 주님은 제가 아플 때 저를 달래시는 분입니다. 또한 그 일을 통해 제가 다른 이들을 달랠 수 있도록 하십니다. 때로는 제가 위로해야 하는 사람들이 있습니다. 바로 제 아이들입니다. 제가 어렸을 때, 기르던 햄스터가 죽거나 가장 친한 친구가 먼 곳으로 이사 갔을 때 어떤 기분이었는지 기억하도록 도우소서. 제 아이들이 친구들과의 관계에서 상처를 받았을 때, 주님께서 그들의 고통을 덜어 줄 수 있는 적절한 말이 생각나게 해 주실 것을 기도합니다. 자녀들이 강하고 듬직한 어깨에 기대고 싶어 할 때 제가 그들을 위로하는 자가 될 수 있기를 간절히 구합니다.

아빠의 말

혀는 곧 불이요 불의의 세계라. 혀는 우리 지체 중에서 온몸을 더럽히고 삶의 수레바퀴를 불사르나니 그 사르는 것이 지옥 불에서 나느니라(약 3:6).

아빠의 언어는 자녀의 자의식을 형성합니다. 위대한 아빠는 자신의 언어를 삼갈 뿐 아니라 억양도 주의합니다. 언젠가 당신의 자녀가 어른이 되면 과거를 돌아보며 당신이 어떤 억양으로 말했는지 기억할 것입니다. 자녀들이 당신을 어떻게 기억하기를 원합니까?

하나님, 때로 저는 자녀들에게 후회스러운 말을 합니다. 필요 이상으로 소리를 높이기도 합니다. 과연 저는 자녀들이 아빠의 목소리를 이렇게 기억해 주기 바라는 걸까요?

주님. 때로 불을 내뿜는 이 혀가 아이들을 향해 불을 던지지 않도록 지켜 주소서. 부디 제 목소리가 연민과 가르침과 동기 부여가 담긴, 안정된 아버지의 목소리가 되게 하소서.

이기심 극복하기

각각 자기 일을 돌볼뿐더러 또한 각각 다른 사람들의 일을 돌보아 나의 기쁨을 충만하게 하라(빌 2:4).

자녀들의 취미는 무엇입니까? 당신도 함께 할 수 있는 것입니까? 건강한 가족은 취미를 공유합니다. 때로 아이들에게 사냥, 낚시, 피아노 연주, 좋아하는 스포츠 팀을 가르치다가 그런 취미가 시작되기도 합니다. 아니면 아이들 스스로 취미를 찾아내기도 합니다. 그러면 당신은 스스로 묻게 될 것입니다. "어디서 저걸 배웠지?" 당신이 지혜롭다면, 자녀에게 가서 새로운 취미에 대해 물을 것입니다. 어쩌면 당신도 그걸 좋아하게 될지 모를 일입니다.

주님, 제 관심사는 거의 제 위주였습니다. 다른 이의 관심사, 심지어 제 아이들의 관심사도 너무나 쉽게 뒷전으로 밀렸습니다. 이제 자녀들을 생각하면서 그들의 관심사에 더 신경을 쓰겠습니다. 제가 아이들의 생각 속으로 들어가게 도우소서. 그리하여 제가 아이들의 내면의 삶에서도 긍정적인 역할을 하게 하소서.

또한 그들에게 제 생각을 더 투명하게 나타내게 하소서. 무엇보다 하나님의 관심사를 보게 하시고, 어떻게 하나님의 계획 아래에서 제 역할을 다할 수 있을지 보게 하소서.

아빠, 책 읽어 주세요

네가 올 때에 내가 드로아 가보의 집에 둔 겉옷을 가지고 오고 또 책은 특별히 가죽 종이에 쓴 것을 가져오라(딤후 4:13).

당신이 그다지 책을 즐기는 사람이 아니라 해도 자녀들은 책을 읽는 사람으로 키우십시오. 그리고 아이들에게 책 읽어 주는 시간을 유대감 형성의 시간으로 삼으십시오. 짧아도 좋습니다. 침대에서 잠들기 전에 5분 정도만 읽어 주어도 됩니다. 아이들이 더 자라면 두꺼운 책을 정해서 한 장씩 함께 읽으십시오. 아이들과 번갈아 가며 목소리를 내어 읽어도 좋습니다.

하나님 아버지, 저는 바울이 굉장한 독서가였다는 사실에 주목합니다. 그는 디모데에게 책을 가져오라고 합니다. 특별히 가보의 집에 두고 온 가죽 종이에 쓴 것을 가져오라고 합니다. 아이들과 유대 관계를 맺는 한 가지 방법을 찾았습니다. 바로 책 읽기입니다. 저는 자녀들이 훗날 저를 회상할 때, 저녁을 먹고 침대에서 「잘 자요, 달님」이나 「나니아 연대기」를 읽어 주던 목소리로 기억하기 원합니다. 이는 유대감을 형성하는 데 탁월할 뿐 아니라 책 읽기는 필수적인 것이라는 깨달음을 전해 줄 것입니다.

주님, 제가 다음 세대를 좋은 책, 특히 주님의 말씀을 읽는 독서가로 키워 내게 하소서.

응원의 스킨십

예수의 뒤로 와서 그의 옷 가에 손을 대니 혈루증이 즉시 그쳤더라(눅 8:44).

아빠들은 애정이 담긴 적절한 스킨십으로 자녀들을 응원할 수 있습니다. 어떤 자녀가 어떤 스킨십에 반응하는지를 습득하십시오. 혹 안아 주는 것이나 뽀뽀를 거부하는 자녀도 있습니다. 그렇다면 억지로 하지는 마십시오. 그런 자녀와는 간단한 것부터 시작하십시오. 아마도 뺨을 살짝 만지거나 머리를 쓰다듬어 주는 정도가 좋을 것입니다. 어린아이라면 무릎에 자주 앉히십시오. 다시 한 번 말하지만 강요는 하지 마십시오. 적절한 스킨십은 애정을 드러내는 자연스러운 방식입니다.

주님, 수년간 고통당한 이 여인은 그저 예수님의 옷에 손을 대기만 했는데도 치료를 받았습니다. 이것이 바로 스킨십을 통해 보이신 치유입니다. 적절한 스킨십은 아이에게 사랑을 보여 주는 좋은 방식입니다. 등을 토닥여 주거나, 안아 주거나, 머리를 쓰다듬어 주거나, 자기 전에 뽀뽀를 해 주는 것 모두 아빠의 애정을 드러내는 좋은 방법입니다. 주님, 그런 애정이 담긴 스킨십이 필요할 때를 깨닫게 하소서. 이러한 스킨십에 반드시 이유가 있는 것은 아닙니다. 스킨십은 제가 아이들을 사랑한다는 사실을 보여 주는 신호로서 무의식적으로 나오는 소리 없는 행위입니다.

천국

주께서 나를 모든 악한 일에서 건져내시고 또 그의 천국에 들어가도록 구원하시리니 그에게 영광이 세세무궁토록 있을지어다. 아멘(딤후 4:18).

모든 그리스도인 아빠에게는 가장 우선되는 목표가 있습니다. 바로 자녀들을 한 명도 빠짐없이 예수님께로 인도하는 것입니다. 어릴 때부터 아이에게 천국이 실제로 있음을 알려 주며, 그곳에 아이가 살게 될 영원한 집이 있음을 확신하도록 가르칠 수 있습니다. 천국의 경이로움에 대해 자녀에게 이야기할 적절한 기회를 찾으십시오.

하나님, 이 땅에서 하루하루 살아가다 보면 이 시간의 조각들이 영원에 비하면 마치 큰 양동이에 떨어지는 물 한 방울에 지나지 않는다는 사실을 생각하지 못할 때가 많습니다. 언젠가 저도 이 모든 것을 영원히 주님과 함께 거할 하늘의 집과 바꾸게 될 것입니다.

제가 아직 이 몸 안에 거할 때, 제 자녀들에게 선한 영향을 끼치기를 기도합니다. 언젠가 하늘나라의 집에서 그들을 다시 보기 원합니다. 자녀 모두가 주님을 알고, 사랑하고, 섬기기를 기도합니다. 자녀들이 이 땅의 것에 집중하지 않고 천국에 애정을 품도록 기도합니다. 주님, 시간이 다하여 하늘 왕국이 주님의 임재를 즐거워하고, 주님의 사랑으로 풍성히 넘칠 그날을 위해 기도합니다.

순결을 지키다

그가 이 작은 자 중의 하나를 실족하게 할진대 차라리 연자맷돌이 그 목에 매여 바다에 던져지는 것이 나으리라(눅 17:2).

경계를 쉬지 않는 그리스도인 아빠라면 오늘날 아이들의 순결을 놓고 전쟁이 벌어지고 있다는 사실을 압니다. 아빠와 엄마가 해야 할 일은 텔레비전이나 학교에서 벌어지는 죄악의 사격에서 자녀들의 순결을 지키는 것입니다. 자녀의 순결은 하나님께 매우 중요합니다. 따라서 아빠에게도 매우 중요해야 합니다.

하나님 아버지, 주님은 저보다 더 제 자녀를 사랑하시는 분입니다. 누구든 어린아이 같지 않으면 하나님 나라에 갈 수 없다고까지 말씀하셨습니다. 오늘날의 문화는 자녀들의 순결을 두고 전쟁을 벌이는 것 같습니다. 그들을 지나치게 빨리 성장시키라고 압박합니다. 주님, 제가 할 수 있는 것은 한계가 있습니다. 그들과 하루 종일 붙어 있을 수도 없습니다. 하나님만이 제가 그들과 함께하지 않을 때 그들을 보살피시고, 그들의 순결을 지키실 수 있습니다.

오늘날의 문화가 변하길 기도합니다. 어린이들을 더 소중하게 여기고, 그들의 순결을 존중하고 보호하는 문화가 되기를 기도합니다. 또한 주님의 나라에 합당한 어린아이와 같은 그 순결이 제 마음에 다시 생겨나기를 기도합니다.

모든 일에 하나님을 신뢰함

우리가 알거니와 하나님을 사랑하는 자 곧 그의 뜻대로 부르심을 입은 자들에게는 모든 것이 합력하여 선을 이루느니라(롬 8:28).

하나님의 뜻대로 부르심을 입은 자들에게는 모든 것이 합력하여 선을 이룬다는 진리를 믿으려면 신앙이 필요합니다. 특별히 '모든 것'에는 혹독한 가정 환경도 포함됩니다. 신실한 아빠들은 가정에 불어닥치는 폭풍우를 지나면서 그저 하나님을 신뢰하는 것밖에 할 수 있는 게 없다는 것을 배웁니다. 신뢰하고, 기도하고, 기다리십시오. 하나님께서 해결하실 것입니다.

주님, 모든 사람의 인생에 고난과 굴곡이 있음을 압니다. 하지만 저와 제 가족에게 어려움이 닥칠 땐 그것을 어떻게 헤쳐 나가야 할지 몰라 헤매곤 합니다. 저는 주님이 모든 일을 주관하신다는 확신을 품고 주님을 신뢰해야 한다는 사실을 압니다. 어려운 일들도 길게 보면 저에게 최선이 되게 하실 것입니다. 주님은 제가 맞닥뜨린 예기치 못한 상황도 이미 보셨습니다. 이미 오래전에 그 일들을 아셨고, 저에게 허락하신 삶을 구성하는 한 부분으로 삼으셨습니다.

주님, 오늘 제 삶에 있는 어려운 일들을 생각해 봅니다. 그 결과에 대해서 주님을 신뢰하게 하소서. 주님이 그 일을 취하시고 그것으로부터 선한 결과를 만들어 내실 수 있다는 사실을 믿게 하소서.

선한 청지기

맡은 자들에게 구할 것은 충성이니라(고전 4:2).

당신이 하나님이 맡기신 아이들의 아버지일 뿐 아니라 청지기라는 사실이 무엇을 의미합니까? 아빠들은 아이들이 어떤 사람이 될지에 영향을 미칩니다. 부모가 된다는 것은 당신이 어떤 남자가 되는지에도 영향을 미칩니다. 당신은 선한 청지기입니까? 당신은 자녀를 돌보는 데 필수요소인 세심함으로 그들을 양육하고 있습니까? 당신은 효과적인 지도자입니까? 좋은 본보기입니까? 이것은 당신이 아빠의 여정을 걸으며 배워야 할 것들입니다.

하나님, 저를 청지기로 삼아 주시고 자녀를 맡기신 것이 얼마나 큰 특권인지요! 이 보배들을 제게 맡겨 주셔서 감사합니다. 주님은 제가 이 아이들을 위해 생명이라도 기꺼이 내놓을 것을 아십니다. 물론 하나님은 그렇게 하라고 저를 부르신 것이 아닙니다. 제 자녀들을 위해서 살라고 부르셨습니다. 그 무엇보다 귀한 이 보배들을 관리하는 선한 청지기가 되라고 하셨습니다. 이 아이들이 저에게 주어진 이유는 그들을 제대로 돌보기 위함입니다. 이 사실을 날마다 기억하게 하소서. 아이들은 주님의 소유입니다.

주님, 제가 좋은 청지기가 되게 하소서.

유머감각

웃을 때가 있으며(전 3:4).

웃음이 넘치는 집은 행복합니다. 가족들이 아빠를 보고 웃는 것을 두려워하지 않으며, 가족의 즐거움을 위해서라면 스스로 자신을 우스꽝스럽게 할 줄 아는 아빠를 둔 자녀는 복됩니다.

   주님, 아이들이 제 웃음소리를 기억하기를 바랍니다. 가족이 함께 웃고, 함께 즐거워할 기회를 더 많이 허락해 주실 것을 기도합니다. 심각한 상황 이면에 있는 해학을 보게 하소서. 우리 마음에 기쁨이 넘치게 하시고, 편안한 웃음과 근심 없는 미소, 그리고 때로는 호탕한 폭소가 우리 얼굴에 있게 하소서.
   웃음은 영혼을 치유합니다.
   우리 가정에 웃음이라는 상비약이 늘 있게 하소서!

쏜살같은 시간

사랑하는 자들아 주께는 하루가 천 년 같고 천 년이 하루 같다는 이 한 가지를 잊지 말라(벧후 3:8).

쳇바퀴 돌 듯 같은 날이 매일 반복되면 시간 가는 것을 잊고 살기 쉽습니다. 좋은 아빠는 달력을 살피고, 자녀와 집에 함께 있을 시간이 그리 길지 않다는 사실을 압니다. 그래서 순식간에 사라지는 짧은 시간을 최대한 바르게 사용합니다.

주님, 시간이 정말 빠르게 흐릅니다! 아이가 생겼다는 소식을 접한 때가 엊그제 같습니다. 그런데 어느덧 가족이 되었고, 아이들은 빠르게 성장합니다. 올해가 이전보다 더 빠르게 흐르는 것 같습니다. 이것을 느낄 때마다 제가 아빠의 역할을 제대로 하고 있는지 돌아보며 열심을 냅니다. 제게는 불과 몇 년밖에 남지 않았습니다.

주님께서 제 시간을 지켜 주시길 원합니다. 한 주 한 주를 최대한 활용하게 하시고 때를 아끼게 하소서. 제 삶의 속도를 늦추고, 분주함 가운데 살지 않도록 저를 일깨워 주소서. 그리하여 제 아이들이 자라며 겪는 중요한 일들을 그냥 지나치지 않게 하소서. 훗날 아이들과 더 많은 시간을 보내지 못한 것을 후회하지 않게 하소서. 주님, 절대로 그러지 않게 하소서.

좋은 아빠

남에게 대접을 받고자 하는 대로 너희도 남을 대접하라(눅 6:31).

당신의 어린 시절을 기억합니까? 당신의 아버지가 행한 일 중 자녀에게 해 주고 싶은 것이 있습니까? 반대로 자녀에게 절대로 하지 않겠다고 다짐하는 일이 있습니까? 좋은 아빠는 과거를 돌아보고 자신이 어떻게 자랐는지를 생각합니다. 그리고 좋은 기억과 나쁜 기억 모두에서 유익을 얻습니다.

하나님 아버지, 때로는 "안 돼." "글쎄다." "아빠가 말했지?"라고 대충 둘러대는 것이 쉽습니다. 심지어 아이들이 찾아와 원하는 것을 졸라 대거나, 형제자매가 자신에게 잘못한 것을 쉬지 않고 이야기할 때는 쫓아 버릴 때도 있습니다. 하지만 아빠가 된다는 것은 언제나 아이들이 다가올 수 있도록 자신을 내어 주는 것입니다. 아버지가 자신에게 해 주기 바랐던 그대로 아이들을 대하는 것입니다. 저는 제 아버지와 주위에서 봤던 다른 아버지들의 잘못을 절대로 되풀이하지 않겠다고 말해 왔습니다. 이제 제가 말한 대로 살아갈 때입니다. 이제 아이들에게 제가 대접받기 원했던 대로, 제가 듣기 원했던 대로, 제가 이해받기 원했던 대로, 제가 격려받기 원했던 대로 해 주어야 할 때입니다.

주님, 제 눈을 열어 주소서.

인재 발굴자

하나님의 영을 그에게 충만하게 하여 지혜와 총명과 지식으로 여러 가지 일을 하게 하시되 금과 은과 놋으로 제작하는 기술을 고안하게 하시며(출 35:31-32).

훌륭한 아빠는 탐광하는 사람과 같습니다. 자녀들에게서 재능이라는 금은보석을 발굴해 내기 때문입니다. 하나님은 당신의 자녀에게 선물을 주셨습니다. 그 선물을 찾아서 자녀들이 개발할 수 있도록 도우십시오.

하나님 아버지, 주님은 위대한 창조주이십니다. 하나님의 끝없는 인자 때문에, 하나님의 형상으로 사람을 만드셨기 때문에 모두에게는 재능과 선물이 있습니다. 제 자녀에게도 그러한 재능을 주셨습니다. 저는 지금 드러나는 자녀들의 재능만을 볼 뿐입니다. 하지만 아직은 그 전체가 보이지 않습니다. 주님께서 제가 아직 보지 못하는 더 위대한 창조성을 감추어 두셨으리라 믿습니다.

주님, 저를 도우셔서 자녀들의 격려자가 되게 하소서. 제가 자녀들의 분명한 재능을 보게 하시고, 그 은사 가운데 자라나고 그 은사를 주님의 영광을 위해 사용하도록 돕게 하소서. 하나님께서 제 자녀들의 마음에 감추어 두신 은사로 저를 놀라게 하소서.

권위 존중하기

각 사람은 위에 있는 권세들에게 복종하라. 권세는 하나님으로부터 나지 않음이 없나니 모든 권세는 다 하나님께서 정하신 바라(롬 13:1).

하나님은 모든 사람에게 동의하지 않더라도 존중해야 할 권위들을 정하셨습니다. 권위를 존중한다는 것은 하나님께서 권위를 통해 일하신다는 사실을 인정하는 것입니다. 당신은 아빠로서 자녀에게 권위를 대변합니다. 따라서 자녀들에게 권위를 가르치는 출발점은 그들이 아빠의 뜻에 동의하지 않을지라도 아빠를 존중해야 한다는 점을 가르치는 것입니다. 그러기 위해 당신은 하나님의 선하신 권위를 드러내는 삶을 살아야 합니다.

하나님, 때로 저는 권력을 쥔 자들에게 동의할 수 없습니다. 하지만 그들을 존중하고 그들을 위해 기도합니다. 제가 아이들에게 똑같이 가르칠 수 있도록 도와주소서. 아이들이 엄마와 저를, 더 나아가 자기 위에 있는 사람들을 존중하게 하소서. 제가 동의하지 않는 자들을 존경하고, 심지어 그들을 위해 기도하는 모습을 자녀들에게 보여 줄 수 있기를 기도합니다.

주님, 제 아이들이 옳다고 생각하는 권세와 주님을 예배할 자유가 있는 권세 아래에서 성장하기를 기도합니다. 주님, 이 땅의 지도자들을 지켜 주소서!

건강 관리

사랑하는 자여 네 영혼이 잘됨같이 네가 범사에 잘되고 강건하기를 내가 간구하노라(요삼 1:2).

아빠들은 자녀들이 자라는 모습을 볼 수 있도록 건강을 위해 기도해야 합니다. 기도뿐 아니라 하나님이 자신에게 주신 몸을 잘 돌보는 것도 필요합니다. 바르게 먹고, 운동하고, 스트레스를 피하는 것은 오랜 세월 건강히 지내는 데 도움이 됩니다.

하나님, 아이들은 저를 필요로 합니다. 제게 건강을 주시기를 기도합니다. 그래서 제가 아이들 곁에 오래 머물 수 있게 해 주소서. 저를 강하게 하시고, 제게 능력을 주셔서 생명을 유지하게 하소서. 제 마음을 주님께 집중하게 하시고, 건강을 지키는 일에 열심을 내게 하소서. 운동하고, 바른 음식을 먹고, 스트레스를 잘 관리하게 하소서.

또한 끊임없이 건강한 영혼을 위해 기도하겠습니다. 제 육체적인 건강과 마찬가지로 내적인 삶 역시 강하고 튼튼하게 하소서. 이는 말씀과 기도에 습관을 들이며, 제 모든 짐을 주님께 맡기는 것을 의미합니다. 주님, 건강하고 힘찬 아빠로 살아가기 위해 제가 더 할 수 있는 일을 보여 주소서.

빛의 사자

악을 선하다 하며 선을 악하다 하며 흑암으로 광명을 삼으며 광명으로 흑암을 삼으며 쓴 것으로 단 것을 삼으며 단 것으로 쓴 것을 삼는 자들은 화 있을진저 (사 5:20).

이 세상은 점차 어두워져만 갑니다. 점점 더 기독교에 적대적입니다. 아빠들은 아이들에게 이 세상이 왜 그러한지를 설명하고 아이들이 신앙 때문에 미움을 받을 때도 굳게 서야 한다는 사실을 납득시켜야 합니다. 그렇게 당신은 자녀들을 어둠의 사자가 아닌, 빛의 사자로 길러 내야 합니다.

주님, 이 시대는 그리스도인으로서 사는 것을 별나게 봅니다. 성경이 옳다고 이야기하는 것들을 옳지 않은 것이라고 가르칩니다. 많은 경우, 선이 악으로 대체됩니다. 이 일이 바로 제 아이들 주위에서 일어납니다. 아이들은 어두움을 조장하고 빛을 조롱하는 모습을 눈으로 보고, 귀로 듣습니다.

제가 굳게 서서 우리 자녀들이 옳고 그름을 확실히 구분하고, 악이 아닌 선을 행할 수 있도록 길러 내게 하소서. 주님께서 아빠인 저를 도우십니다. 또한 아이들을 지켜 주시고, 그 양심에 옳고 그름을 구분하는 확고한 지각을 주실 것을 기도합니다. 자녀들이 어두워지는 세상 가운데서 빛의 사자가 되도록 도우소서.

절제의 열매

너는 이와 같이 젊은 남자들을 신중하도록 권면하되(딛 2:6).

어떤 아이들은 몸을 조금도 가만히 있지 못할 정도로 자제력이 없습니다. 그러나 당신이 아이들에게 자신의 행동을 통제하는 법을 가르친다면, 이는 그들에게 은혜를 베푸는 것과 같습니다. 자제력이 없는 아이는 절제하지 못하는 어른으로 자라기 때문입니다.

하나님, 저에게 책임감을 발휘할 만한 나이와 젊음을 주셔서 감사합니다. 제게는 가정과 아이들, 그리고 그리스도인으로서의 삶을 감당해야 할 책임이 있습니다. 그 일을 바르게 해내려면 자제력이 필요합니다. 계속해서 자기중심적인 육체의 욕구를 거부하도록 스스로 되새겨야 합니다. 자신을 통제하지 못하고 그릇된 욕망에 제 몸을 내어 준다면, 저와 제 가족이 아파할 것입니다. 주님과의 관계 역시 어려움을 겪게 될 것입니다.

주님, 저를 용서하소서. 자비를 베풀어 주셔서 감사합니다. 제 안에 성령님을 주셔서 절제의 열매를 맺게 하시니 감사합니다. 자녀들을 위해서 기도합니다. 자녀들 앞에서 저 자신을 통제하는 능력을 보이게 하소서. 특히 제 성품을 다스리게 하소서. 절제에는 화평의 열매가 따릅니다. 저는 날마다 그 화평이 필요합니다.

푯대를 향하여

형제들아 나는 아직 내가 잡은 줄로 여기지 아니하고 오직 한 일 즉 뒤에 있는 것은 잊어버리고 앞에 있는 것을 잡으려고 푯대를 향하여 그리스도 예수 안에서 하나님이 위에서 부르신 부름의 상을 위하여 달려가노라(빌 3:13-14).

과거에 사로잡힌 아빠는 현재에도, 미래에도 선한 영향력을 발휘할 수 없습니다. 당신은 아이들에게 미래학자가 되어 주어야 합니다. 아이들은 아빠인 당신이 자신들의 삶에 대해, 그리고 하나님이 자신들을 어떻게 돌보실지에 대해 긍정적으로 반응해 주기를 원합니다. 아이들이 미래를 위해 살도록 가르치십시오. 절대로 과거에 사로잡힌 채 살아가지 않게 하십시오!

하나님 아버지, 저는 신뢰할 수 있는 주님의 손안에서 제 미래를 봅니다. 제 가족 앞에 놓인 날들이 행복한 시절이 되고, 주님께서 복을 내려 주실 것을 믿습니다. 주님이 저에게 주신 이 삶을 계속 살아가며 훗날 하늘에서 베풀어 주실 그 상급을 바라보겠습니다.

주님, 그때까지 우리 가족을 인도하시고, 지도하시고, 살피소서. 날마다 어떻게 하면 아빠로서 가족을 더 잘 인도할 수 있을지 보여 주소서. 뒤에 있는 것을 잊어버리는 일이 얼마나 중요한지 상기시켜 주소서. 제가 아빠로서 저지른 모든 실수와 잘못된 판단도 마찬가지입니다. 제 마음의 칠판이 늘 깨끗하다는 사실을 깨닫게 하시고, 그곳에 아빠의 삶을 날마다 새롭게 써 가도록 지켜 주소서.

강하고 담대하라

내가 네게 명령한 것이 아니냐. 강하고 담대하라. 두려워하지 말며 놀라지 말라. 네가 어디로 가든지 네 하나님 여호와가 너와 함께 하느니라 하시니라(수 1:9).

그리스도인 아빠에게는 하나님의 임재가 함께합니다. 때문에 실패를 두려워하거나 걱정할 이유가 없습니다. 당신은 강한 남자가 될 수 있습니다. 모든 상황에서도 강한 아빠가 될 수 있습니다. 오늘 하나님께로부터 힘을 얻으십시오!

주 하나님, 어디를 가든지 저와 함께하시는 하나님을 찬양합니다. 한 번도 가 보지 않은 아버지의 길을 걸어갈 때도 하나님은 저와 함께하셨습니다. 하나님은 제게 강하고 담대하라고 명하셨습니다. 그래서 저는 강하고 담대할 것입니다. 아버지가 되는 것을 두려워하지 않고, 일이 제 뜻대로 되지 않아도 실망하지 않겠습니다. 왜냐하면 저는 주님을 신뢰하기 때문입니다.

오늘 제가 아버지로 살아갈 때, 주님의 인도하심과 임재를 느끼게 하소서. 제가 주님에게서 힘을 얻고, 주님이 아버지로서 베푸시는 그 엄청난 용기를 저도 드러내게 하소서.

온전함

온전하게 행하는 자가 의인이라. 그의 후손에게 복이 있느니라(잠 20:7).

그리스도인 아빠는 마땅히 온전해야 합니다. 이는 물론 하나님을 위해서이지만 하나님만을 위해서는 아닙니다. 당신 자신만을 위해서도 아닙니다. 당신이 온전하면 이를 통해 많은 유익을 누리는 것이 사실입니다. 또한 아이들을 위해서도 당신은 온전해야 합니다. 아이들은 온전한 아빠를 필요로 하기 때문입니다. 아이들에게는 언제나 바른 일을 행하는 아빠가 필요합니다.

오 주님, 제가 자녀들을 위하여 구하는 것은 그들이 살아가는 현재와 미래에 주님의 축복이 임하는 것입니다. 제가 언제나 온전함 가운데 걷고 바른 일을 행하도록 도우소서. 직장, 교회, 공동체, 특히 가족 안에서 저를 만난 모든 사람이 저를 설명할 때 온전하다는 단어를 사용하게 하소서. 제 삶의 모든 상황으로 저를 가르치셔서 온전하게 행하는 자가 되게 하소서. 그리하여 제 자녀들이 온전한 아버지를 갖게 되는 축복을 주소서.

강점과 약점

나에게 이르시기를 내 은혜가 네게 족하도다. 이는 내 능력이 약한 데서 온전하여짐이라 하신지라. 그러므로 도리어 크게 기뻐함으로 나의 여러 약한 것들에 대하여 자랑하리니 이는 그리스도의 능력이 내게 머물게 하려 함이라(고후 12:9).

지혜로운 아빠는 자신의 강점뿐 아니라 약점도 잘 압니다. 그리고 그러한 약점을 주신 하나님께 감사합니다. 그 약점들로 인해 주님의 능력을 바라며 주님을 더 의지할 수 있기 때문입니다.
당신의 약점을 말해 보십시오. 그것들을 하나님 앞에서 인정하십시오. 그 부분에서 힘이 되어 달라고 하나님께 구하십시오. 자신의 약점을 의식하는 사람에게 그리스도의 능력이 머문다는 사실을 자녀들에게 가르치십시오.

주님, 제게 주신 강점들로 인해 감사합니다. 또한 제가 한 남자로서, 그리고 아빠로서 지닌 약점들 때문에 감사합니다. 그 약점을 통해 그리스도의 능력이 머물고, 주님이 진정으로 일하실 수 있기 때문입니다.
제 약점을 사용하여 주님의 강함을 보여 주소서. 오늘 제 안에서 강해지소서. 아이들에게 약점을 인정하는 것이 왜 귀한 일인지 설명하게 하소서. 제 아이들이 자신의 약점을 거리낌 없이 인정하며, 자신의 강점에 대해서도 거리낌 없이 주님께 감사하게 하소서.

지혜로운 입

의인의 입은 지혜를 내어도(잠 10:31).

자녀들은 자기 아빠가 지혜로운 사람이기를 기대합니다. 지혜는 하나님에게서 옵니다. 하나님이 당신의 지혜의 근원이 되게 하십시오. 그리고 그 지혜를 자녀들에게 전하십시오.

하나님, 하나님의 아들을 믿음으로 제가 의인 되게 하심을 찬양합니다. 제가 의로운 자리를 계속 지켜 나가며 자녀들에게 지혜를 전할 수 있기를 기도합니다. 제 안에는 지혜가 너무 부족합니다. 하지만 주님과 함께한다면 저는 주님의 지혜를 사용할 수 있습니다. 주님의 지혜를 구할수록 아이들에게 성숙을 전하기 위해 더 위대한 지혜를 달라고 기도하게 됩니다.

제 입을 지키셔서 신뢰할 수 없는 곳에서 들은 지혜롭지 않은 지식을 전하지 않게 하소서. 저를 주님의 말씀 가운데 머물게 하셔서 성경말씀과 성령님을 통해서만 지혜를 얻게 하소서.

오직 나와 내 집은

오직 나와 내 집은 여호와를 섬기겠노라(수 24:15).

여호수아는 자신의 가족은 거짓 신을 섬기지 않겠노라고 결심했습니다. 오늘날 당신에게도 똑같은 선택지가 있습니다. 즉 참되신 하나님이 전혀 신이 아닌 것들에게 도전을 받고 계십니다. 그리스도인 아빠들은 자신들의 집은 오직 주님만을 섬기겠다고 굳게 결심해야 합니다.

주님, 우리 가족은 오직 하나님만을 예배할 것입니다. 우리 가족은 오직 하나님만을 섬길 것입니다. 이 결정으로 인해 주님께서 이 어두운 세상에서 우리 가족을 빛으로 삼아 주시기를 기도합니다.

하나님을 모르는 이웃, 친척, 친구들을 위해 기도합니다. 우리 가족이 상처뿐인 이 세상에서 하나님의 대사로 섬길 수 있게 하소서. 하나님을 섬기겠다는 이 결심을 우리 마음에 새롭게 하소서.

매일매일 우리 가족이 하나님을 섬기겠다는 서약을 새롭게 하게 하소서.

너무 바쁩니까?

그런즉 너희가 어떻게 행할지를 자세히 주의하여 지혜 없는 자같이 하지 말고 오직 지혜 있는 자같이 하여 세월을 아끼라. 때가 악하니라(엡 5:15-16).

아직은 많은 사람이 자신의 결정에 따라 자유롭게 하나님을 예배할 수 있는 땅에 살고 있습니다. 하지만 세월이 악해지면서 이러한 자유도 점점 위험에 빠지고 있습니다. 아빠인 당신은 당신의 때를 지키고 지혜로운 사람으로 살아야 합니다. 당신에게 주어진 시간, 즉 오늘을 아껴야 합니다.

하나님 아버지, 한 남자이자 아빠인 제 목표는 지혜입니다. 제 목적은 아빠로서 시간을 선용하는 것입니다. 주님, 제 삶을 간소화하고 제가 맡은 의무들을 잘 처리할 수 있도록 깨달음을 주셔서 아빠로서 시간을 늘려 나가게 해 주소서.

주님, 제가 너무 바빠서 아이들에게 좋은 아빠가 되기 힘들겠다고 생각한 적이 있다면 그 죄악을 깨닫게 하소서. 그런 말을 한다는 것은 제 삶 어느 부분에서 지나치게 바쁘다는 것을 의미합니다. 또한 반드시 제 우선순위를 다시 조정해야 한다는 사실을 인정하는 것입니다. 주님, 단 한 번도 몹시 바빠서 저를 돌아보지 못한 적 없으신 주님께 감사합니다.

몸으로 놀아 주기

그때에 사람들이 예수께서 안수하고 기도해 주심을 바라고 어린아이들을 데리고 오매 제자들이 꾸짖거늘(마 19:13).

아이들과 몸을 움직이며 즐겁게 노는 것은 아이들과 아빠 모두에게 재미있는 일입니다. 숨바꼭질, 깡통 차기, 땅따먹기 등과 같이 밖에서 하는 놀이는 가족 구성원을 하나로 만들어 주고 운동 효과도 뛰어납니다.

주님, 제 아이들은 저와 함께 노는 것을 좋아합니다. 그리고 저 역시 아이들과 몸으로 놀며 함께 뒹구는 시간이 참 즐겁습니다. 아이들이 나중에 이런 시간을 축복으로 기억하기를 기도합니다. 이러한 시간을 아이들과 온전히 즐길 수 있도록 도우소서. 아이들이 너무 커 버려서 더 이상 몸으로 놀지 못하겠다고 결정하는 쪽은 제가 아니라 아이들이라는 사실을 기억하게 하소서.

아이들과 제가 유대감을 조성하는 이 시간에 주님 역시 우리의 즐거움을 공유하신다는 사실을 믿습니다. 제가 아이들에게 손을 대도 아이들이 전혀 매를 맞거나 학대를 당한다는 두려움이 없게 해 주심을 감사합니다. 제게 사랑하는 아버지의 손을 허락해 주셔서 감사합니다.

팀플레이

그에게서 온몸이 각 마디를 통하여 도움을 받음으로 연결되고 결합되어 각 지체의 분량대로 역사하여 그 몸을 자라게 하며 사랑 안에서 스스로 세우느니라 (엡 4:16).

강하게 결속된 가정은 강력한 무적의 팀이 됩니다. 아빠인 당신은 대장이기 때문에 각 팀원이 한 팀으로서 각자의 역할을 다하며 열심히, 그리고 공정하게 움직이도록 지도할 수 있습니다. 당신이 맡은 팀이 잘 뭉칠 수 있게 하십시오. 그러면 더 많은 승리를 거둘 것입니다.

하나님, 하나님께서는 가족이 한 팀으로 움직이도록 의도하셨고, 아빠를 대장으로 삼으셨습니다. 가족이라는 팀 안에서 우리 가족은 모두 맡은 역할이 있습니다. 또한 그 역할을 수행하기 위해 필요한 재능을 가지고 있습니다. 팀원이 하나 빠지면 팀 전체가 고생합니다. 우리는 가족이기에 함께할 때 가장 잘 굴러갑니다.

주님, 우리에게 팀을 주셔서 감사합니다. 각자가 자신의 역할을 하게 하셔서 감사합니다. 그리고 대장인 제게 주님이 대장 되어 주시니 감사합니다. 제게 끊임없이 비전과 용기를 주셔서 결승선까지 우리 가족을 잘 인도할 수 있게 하소서.

공평한 결정

공평한 저울과 접시 저울은 여호와의 것이요(잠 16:11).

아빠들이여, 아이들이 "불공평해!"라고 주장하더라도 그들이 매우 객관적이지는 않다는 사실을 기억하십시오. 당신은 아이들보다 훌륭한 심판관이기 때문에 당신이 할 수 있는 한 최선을 다해 공평한 결정을 내리십시오. 무엇이 옳은지 판단하기 힘들다면 아이들에게 그 사실을 인정하고 아이들이 스스로 '공평한' 판단을 하게 하십시오.

하나님 아버지, 때로 아이들이 이렇게 말하는 소리를 듣습니다. "아빠, 그건 불공평해요!" 저도 때로 주님께 그렇게 말했다는 사실을 압니다.

아이들을 도우셔서 제가 비록 때로는 그른 결정을 내릴지라도 아이들이 제 판단을 신뢰하게 하소서. 제가 아이들의 다툼에 개입해야 하거나, 아이들에게 집안일을 배분해야 할 때 참으로 공정하게 하소서.

저를 도우셔서 공평한 저울로 모든 일을 판단하게 하소서.

속삭이시는 하나님

또 지진 후에 불이 있으나 불 가운데에도 여호와께서 계시지 아니하더니 불 후에 세미한 소리가 있는지라(왕상 19:12).

많은 사람이 하나님께서 좀 더 크게 말씀해 주시기를 원합니다. 어쩌면 그저 사람들이 하나님의 목소리를 잘 듣지 못하는 것일지도 모릅니다. 그렇기 때문에 하나님의 음성을 잘 듣기 위해서는 주의를 기울여야 합니다.

하나님 아버지, 저는 가끔 주님께서 더 분명하게 말씀해 주시기를 바랍니다. 어떤 때에는 하나님의 음성을 듣는 것이 몹시 어렵습니다. 간혹 시련을 겪으며 주님이 저를 부르신다는 사실을 느낄 때는 주님의 음성이 잘 들립니다. 주님의 음성을 듣게 하소서. 특히 하나님께서 속삭이실 때 더 잘 듣게 하소서. 하나님께서 낮은 음성으로 말씀하실 때는 저를 은밀한 일로 이끄시거나, 저를 얼마나 사랑하는지 조용히 일깨워 주시거나, 제가 알아야 할 진리를 밝혀 주시는 순간임을 압니다.

주님, 제가 주님을 찾기 위해 지진이나 불을 찾아보지 않아도 되게 하시니 감사합니다. 저는 그저 주님이 나지막하게 말씀하시는 사랑의 속삭임을 듣기만 하면 됩니다. 듣는 귀를 훈련하게 하시고 자녀들의 귀에 제 사랑을 속삭이게 하소서.

아빠의 약속

선물한다고 거짓 자랑하는 자는 비 없는 구름과 바람 같으니라(잠 25:14).

아이에게 약속했으면 반드시 지켜야 합니다. 아빠가 약속을 깨뜨린다면, 특히 상습적으로 약속을 지키지 않는다면, 이는 자녀에게 거부의 메시지를 전한 것과 같습니다. 어떤 약속을 지키지 못할 것 같으면 애초에 그 약속을 하지 마십시오. 그리고 약속을 했으면 반드시 지키십시오. 아이들의 기억력은 놀랍습니다.

주님, 저는 아이들에게 선물을 주겠다고 약속해 놓고 그 약속을 지키지 않는 아버지들을 이해할 수 없습니다. 이는 신뢰를 완전히 무너뜨리는 일입니다. 아이들이 저를 반드시 약속을 지키는 사람으로 인정하기를 기도합니다. 지킬 수 없는 약속은 하지 않겠습니다. 예기치 못한 이유로 약속을 지킬 수 없게 된다면 아이들에게 잘 설명할 수 있는 지혜를 허락해 주소서. 제가 지킬 수 있을지 확신할 수 없는 약속은 아예 하지 않도록 도우소서.

제가 주님을 닮아 가게 하소서. 주님은 말씀에 있는 모든 약속을 지키셨습니다. 저 또한 약속을 지키는 사람이 되게 하소서.

제게 힘을 주소서

그러므로 피곤한 손과 연약한 무릎을 일으켜 세우고(히 12:12).

아버지가 되는 것은 육체적으로나 정신적으로 힘든 일입니다. 그러나 하나님께서 당신을 아버지로 부르실 때, 그 일을 해낼 수 있는 능력도 주셨습니다. 당신이 피곤할 때 하나님의 능력에 의지하여 이기는 법을 배우십시오. 그리고 쉬는 시간을 확보하는 것도 잊지 마십시오.

주님께서는 아빠가 되는 것이 때로는 지치는 일이라는 사실을 알고 계십니다. 바로 그 순간 주님이 필요합니다. 제 피곤한 손을 들어 주시고 제 연약한 무릎을 일으켜 주셔서 믿음으로 계속 나아가게 하소서. 그러기 위해 제 육체적, 정신적, 영적 힘을 새롭게 해 주소서.

하나님은 제게 위대한 아버지시며, 주님이 주시는 힘은 절대로 부족하지 않습니다. 저는 날마다 주님을 의지하여 아빠의 일을 해나가는 데 필요한 힘을 공급받겠습니다. 오늘 저를 새롭게 하여 주소서. 주님의 힘을 제게 불어넣어 주소서.

자녀를 노엽게 하지 말라

또 아비들아 너희 자녀를 노엽게 하지 말고
오직 주의 교훈과 훈계로 양육하라(엡 6:4).

자녀를 노엽게 하면 자녀에게 쓴뿌리가 생길 수 있습니다. 그리고 이 쓴뿌리는 어른이 된 후에도 자녀들을 따라다닙니다. 오직 자녀들이 사랑할 수 있게 하시고, 주님의 훈계와 가르침 안에서 생각하도록 도우십시오. 자녀들의 마음에 쓴뿌리 대신 만족감을 심어 주십시오.

하나님 아버지, 때로 아이들은 저를 화나게 합니다. 그러면 저는 말로 아이들을 화나게 만듭니다. 아이들이 저를 용서한다는 사실도 알고 주님이 저를 용서하신다는 사실도 압니다. 하지만 앞으로 제가 화를 억누르고 먼저 아이들을 노엽게 하지 않도록 도와주소서. 또한 아이들에게 인내와 이해심으로 하나님의 뜻을 가르치게 하소서. 제가 분노로 가득한 말을 내뱉기 전에 제 분노를 가라앉히소서.

주님, 저에게 보여 주신 인내에 감사하며, 저를 분노로 훈육하지 않으셔서 감사합니다.

마음 지키기

모든 지킬 만한 것 중에 더욱 네 마음을 지키라.
생명의 근원이 이에서 남이니라(잠 4:23).

현대 사회는 아버지의 역할에 공격을 가합니다. 예를 들어 텔레비전에서는 아빠가 비하되는 경우가 많고, 아이들의 삶에서도 카메오 정도의 역할로만 그려집니다. 만약 당신이 그와 같이 세상이 점점 약화시키는 아버지의 역할을 수용한다면, 아이들이 그 대가를 치르게 될 것입니다. 당신은 아빠로서 당신이 누구인지, 어떠한 존재인지 알아야 합니다. 최선의 경계로 아버지의 마음을 지켜야 합니다.

하나님 아버지, 주께서 제 마음에 두신 것들은 매우 귀중합니다. 저를 주님의 자녀로 삼으셨고, 이 세상에서 사는 짧은 세월 동안 지켜야 할 것을 많이 주셨습니다. 마음에서 흘러나오는 것들에 더 집중하기를 기도합니다. 제 마음에서는 주님께서 저를 위해 주신 생명의 샘이 흘러나오기 때문입니다.

제가 집중하도록 지켜 주소서. 제가 하는 모든 일에 정도를 지키게 하소서. 남자로서, 일하는 사람으로서, 꿈꾸는 자로서, 남편으로서, 그리스도인으로서, 아버지로서 제가 최선의 경계를 다하여 지킨 이 마음에서 아버지의 능력이 흘러나오게 하소서.

하나님의 뜻 행하기

너희는 말씀을 행하는 자가 되고 듣기만 하여
자신을 속이는 자가 되지 말라(약 1:22).

아빠들에게는 하나님의 말씀을 행하는 특별한 방법이 있습니다. 이것은 단지 듣는 것이 아닙니다. 행함에는 자녀들을 훈련하고, 함께 기도하고, 함께 놀고, 필요한 것을 공급하고, 안전하게 지켜 주는 것 등이 포함됩니다. 이것이 바로 당신을 향한 하나님의 뜻입니다. 이것이 바로 하나님께서 그리스도인 아빠들이 행하기 원하시는 것입니다.

아버지, 저를 도우셔서 제 온 존재로 주님의 뜻을 행하는 자가 되게 하소서. 그저 귀로 듣기만 하는 자가 되지 않게 하소서. 믿음에 발을 담그게 도우소서. 특히 제 아이들에게 그렇게 행하도록 하소서. 저를 향한 주님의 뜻은 아이들 옆에서 아버지로 바르게 행하는 것입니다. 제 말과 행동으로 아이들에게 하나님의 말씀을 주님을 알리는 것입니다.

주님, 저를 도우셔서 주님의 뜻이 저의 뜻이 되게 하소서. 저를 도우셔서 주님의 우선순위가 저의 우선순위가 되게 하소서. 저를 도우셔서 제 자녀들에게 주님의 뜻을 행하는 것이 어떤 모습인지 드러내게 하소서.

아빠의 눈물

나의 유리함을 주께서 계수하셨사오니 나의 눈물을 주의 병에 담으소서. 이것이 주의 책에 기록되지 아니하였나이까(시 56:8).

그리스도인의 특징은 기쁨입니다. 하지만 삶의 여정에는 슬픔이 있기 마련입니다. 자녀가 심각한 질병에 걸리거나, 심하게 반항하거나, 결혼이 깨지거나, 혹은 직장을 잃을 때 슬픔이 찾아올 수 있습니다. 그러나 하나님은 아빠들이 눈물 흘리는 그 순간을 지켜보십니다. 그리고 당신의 눈물을 "주의 병"에 담으십니다. 그분은 당신이 가슴 아파한 모든 순간을 이해하십니다.

주님, 주님은 제게 여러 모양의 성공을 주셨고, 저는 그것에 감사합니다. 하지만 어떤 날은 실패와 과거의 고통으로 괴로워합니다. 심지어 지금 겪고 있는, 혹은 아이들로 인한 고통에 마음을 빼앗기기도 합니다.

제 눈물의 근원을 아시는 주님, 그리고 제가 흘린 눈물을 계수하신 주님, 그 눈물이 헛되지 않기를 기도합니다. 제 고통을 사용하셔서 저를 강하게 하시고, 다른 사람들을 불쌍히 여기는 마음을 품게 하시기를 기도합니다. 특히 자녀들이 상처를 줄 때, 그들을 불쌍히 여기는 마음을 품게 하소서. 주님은 저를 치료하시는 분이며 위로자이십니다. 제 고통을 아시기에 오늘도 주님을 신뢰합니다.

순종하는 자녀와 편견 없는 부모

자녀들아 주 안에서 너희 부모에게 순종하라. 이것이 옳으니라(엡 6:1).

순종하는 자녀들과 편견 없는 부모가 행복한 가정을 이룹니다. 하지만 자녀들이 순종을 타고나는 것은 아닙니다. 순종은 자녀들이 습득하도록 부모가 반드시 가르쳐야 하는 것입니다. 그렇게 하기까지는 많은 시간과 반복적인 훈련이 필요합니다. 하지만 그만한 가치가 충분합니다.

하나님 아버지, 아이들에게 즉시 순종하도록 가르치기란 쉬운 일이 아닙니다. 아이들은 종종 가르침을 따르는 데 더디고, 때로는 제 명령에 반론을 제기하기도 합니다. 하지만 저는 압니다. 거울을 보면 주님의 명령에 언제나 즉각적으로 기쁘게 순종하지 않았던 한 남자가 보이기 때문입니다. 제가 아이들에게 하듯이, 아버지께서도 저의 유익을 위해 그렇게 명령하셨는데 말입니다.

저를 도우셔서 주님께 가장 먼저 순종하는 아빠가 되게 하소서. 주께서 "이것이 옳으니라"고 하셨기 때문입니다. 그리고 저를 도우셔서 자녀들이 저의 명령을 신뢰할 수 있는 아빠가 되게 하소서.

주님, 우리 모두가 순종의 열매를 보게 하소서. 그것은 바로 행복하고 평안하며 많은 열매를 맺는 삶입니다.

다른 아빠들과의 친교

철이 철을 날카롭게 하는 것같이 사람이 그의 친구의 얼굴을 빛나게 하느니라 (잠 27:17).

아빠들은 다른 아빠들과 자주 어울려야 합니다. 서로 이야기를 나누고 의견을 교환하면서 어떤 양육 방법이 효과적인지 들을 수 있습니다. 다른 아빠들과 정보를 나누며 즐거움을 누릴 방법을 찾아보십시오. 당신의 아이들이 그 유익을 누릴 것입니다.

   주님, 아빠의 길을 걷고 있는 다른 사람들과 함께할 때, 아버지가 되는 것이 훨씬 수월합니다. 저는 동료들에게 더 많은 조언을 받아야 합니다. 곳곳에 있는 그리스도인 아버지들을 위해 기도합니다. 특별히 제가 잘 알고, 교제를 나누는 아버지들을 위해 기도합니다. 다른 아빠들과 더 친밀한 우정을 나누기를 기도합니다. 그렇게 함으로써 저만 유익을 누리는 것이 아니라 제 아이들도 그 유익을 누리게 되기 때문입니다.
   하나님 아버지, 저는 다른 아빠들을 통해 더 다듬어져야 합니다. 그러한 일이 생겨나도록 기회를 열어 주소서.

'산당'의 위험

솔로몬이 여호와를 사랑하고 그의 아버지 다윗의 법도를 행하였으나 산당에서 제사하며 분향하더라(왕상 3:3).

"산당"(높은 자리, high places)은 이스라엘의 원수들이 이방신들을 섬기던 장소였습니다. 그러한 거짓 예배 장소 자체가 덫이 될 수 있기에, 하나님은 이스라엘 사람들에게 "산당"을 훼파하라고 명하셨습니다. 다윗의 아들인 솔로몬은 주님과 함께 시작을 잘했지만 곧 하나님께 불순종했고, 결국 다른 신들을 섬기게 되었습니다.

당신의 자녀들은 성장하면서 세상에 만연한 이방 신들을 많이 접하게 될 것입니다. 그들이 찾아가고 싶은 유혹을 느낄 만한 산당들도 있을 것입니다. 하지만 절대로 그런 일이 있어서는 안 됩니다. 당신은 아버지로서 기도해야 합니다. 당신의 자녀를 거짓 신의 유혹에서 보호해야 합니다.

주 하나님! 솔로몬이 주님에게서 돌아서면서부터 그의 삶이 얼마나 망가져 버렸는지요. 아버지, 제 아이들을 위해 기도합니다. 우리 문화에 있는 거짓 우상의 유혹으로부터 그들을 지켜 주소서. 그 우상들을 따르면 재앙만이 있을 뿐입니다. 주님께서 저 또한 그런 우상으로부터 지켜 주시기를 기도합니다. 제 후손들을 위해서 기도합니다. 우리 가문이 주님께 신실하도록 지켜 주소서.

바른 징계

대저 여호와께서 그 사랑하시는 자를 징계하시기를 마치 아비가 그 기뻐하는 아들을 징계함같이 하시느니라(잠 3:12).

아빠가 아이들을 사랑한다는 증거가 있습니다. 바로 아이들이 징계를 받아야 할 때, 그들을 징계하는 것입니다. 당신이 자녀들을 기뻐한다면, 분명 사랑으로 징계할 것입니다.

하나님, 어쩔 수 없이 아이들을 징계해야 할 때 제 마음이 아픕니다. 하지만 제 어린 시절을 돌아보면, 바른 징계를 받았기 때문에 더 좋은 사람이 될 수 있었습니다. 반면 잘못된 징계를 받을 땐 낙심이 되고 증오의 마음만 싹텄습니다. 징계가 쉽지 않을 때도 사랑은 징계를 가합니다. 하나님도 저를 징계하셨습니다. 징계는 유익하지만 상처도 됩니다. 주님이 저를 사랑하시기 때문에 훈육하신다는 사실에 위안을 받습니다. 마찬가지로 저도 사랑하는 마음으로 자녀를 징계하게 하소서. 절대로 기분이 좋지 않다거나 시간이 없어 자초지종을 다 파악하지 못해 막무가내로 징계하는 일이 없게 하소서.

주님, 저를 도우셔서 지혜롭게 징계하게 하소서.

부모 공경

네 부모를 공경하라(마 19:19).

하나님은 부모가 되는 것을 소중히 여기시며, 당신 역시 이를 소중하게 여기기를 바라십니다. 그리고 모든 아빠는 자녀들의 공경을 받아야 하는 존재일 뿐 아니라 자신의 부모님을 공경해야 하는 존재이기도 합니다.

하나님, 저는 공경할 만하지 않은 아빠들을 알고 있습니다. 그들은 감정적으로, 물리적으로 아이들과 떨어져 있습니다. 저는 이러한 모습이 자녀들을 여러 가지로 아프게 한다는 사실을 알고 있습니다. 저를 도우셔서 공경받을 만한 아빠가 되게 하소서. 자녀들이 아빠가 최선을 다해 자신들을 돌본다는 사실을 확신할 수 있도록 바르게 행하고 바르게 말하도록 도와주소서.

주님, 또한 저를 도우셔서 제 부모님을 공경하게 하소서. 부모님 아래에서 성장했던 모든 순간이 좋았던 것은 아니지만, 이제는 저도 아빠가 되었기에 제 아버지가 어떤 과정을 겪으셨는지 조금은 이해할 수 있습니다. 저는 아버지께서 보여 주신 노력에 찬사를 드리고 공경하며, 과오는 용서합니다. 아버지의 공로에 감사합니다. 아버지는 제게 아빠로서 해야 할 일과 하지 말아야 할 일에 교훈이 되셨습니다.

아버지의 영원한 사랑

여호와의 인자하심은 자기를 경외하는 자에게 영원부터 영원까지 이르며 그의 의는 자손의 자손에게 이르리니(시 103:17).

당신을 향한 하나님의 영원한 사랑은 측량할 수 없습니다. 인간의 생각으로는 자기 백성을 향하신 하나님의 그 무한하고 극진한 사랑을 도저히 파악할 수 없습니다. 자녀를 향한 당신의 사랑도 하나님의 사랑에 비하면 찻숟가락 정도에 불과합니다. 오늘도 하나님의 사랑이 넘쳐납니다. 하늘 아버지의 그 끝없는 사랑을 받는 자로서 살아가십시오.

하나님, 저는 자녀들을 사랑합니다. 하지만 하나님의 영원한 사랑은 이보다 훨씬 위대하다는 사실에 놀랍니다. 하나님의 사랑과 공의는 저를 넘어 제 자녀에까지 이릅니다. 우리는 하나님께서 영원히 사랑하시는 대상입니다. 절대로 우리가 하나님의 사랑을 망각하거나, 경시하거나, 당연한 것으로 여기지 않게 하소서. 다만 그 사랑을 누리게 하소서.

주님, 우리는 주님을 사랑하는 동시에 경외합니다. 주님의 위대한 사랑 안에서 우리는 원수의 공격과 이 세상의 거절을 피할 수 있습니다. 우리를 주님의 사랑 안에서 영원히 지켜 주소서.

성적인 죄

나는 너희에게 이르노니 음욕을 품고 여자를 보는 자마다 마음에 이미 간음하였느니라(마 5:28).

하나님은 당신에게 아내를 주시고, 그 결혼 관계를 신실하게 유지하도록 계획하셨습니다. 어떤 그리스도인 남성은 종잡을 수 없이 다른 여성에게 눈을 돌리며 삶을 망칩니다. 하지만 당신은 날마다 아내를 사랑하기로 결심할 수 있습니다. 가정을 망치는 유혹으로부터 눈을 거둘 수 있습니다.

주님, 저는 가끔 한눈을 파는 문제로 힘들어합니다. 주님은 이미 제가 순결한 마음을 지키기 위해 때때로 얼마나 힘들어하는지 잘 아십니다. 아내와 자녀에 대한 마음을 지키지 못하는 것보다 가정에 더 위험한 일이 어디 있겠습니까?

하나님, 제 정욕을 회개합니다. 제게 있는 성적인 욕망을 아내를 사랑하고 돌보는 일에 돌리게 하소서. 그리고 아이들에게는 훌륭한 아빠가 되게 하소서. 성적인 죄로부터 정결하게 하시고 부정한 문화 가운데에서 순결한 마음을 효과적으로 지키는 지혜를 보여 주소서.

주님, 모든 아빠들이 이 문제를 해결할 수 있도록 도우소서.

순종

오직 내가 아버지를 사랑하는 것과 아버지께서 명하신 대로 행하는 것을 세상이 알게 하려 함이로라(요 14:31).

자녀들이 순종하기 원한다면, 당신이 먼저 하나님께 순종하는 법을 배워야 합니다.

하나님, 아빠가 되어 보니 예전보다 순종에 대해서 많은 것을 이해하게 됩니다. 제가 어떤 일을 제 마음대로 하려고 했을 때, 부모님께 순종하기가 얼마나 어려웠는지 기억합니다. 이제는 제 아이들 역시 때로 순종하기 어려워한다는 사실을 깨닫습니다. 하지만 예수님은 순종하셨고, 그래서 세상은 예수님께서 아버지를 사랑하신다는 것을 알았습니다. 이것이 바로 부모님에 대한 순종의 모습입니다. 사랑하는 아버지가 명하신 바로 그 일을 행함으로써 사랑을 보이는 것입니다.

주님, 지금도 순종으로 제 사랑을 보이기에 늦지 않았습니다. 우리의 바람과 어긋나더라도 주님께 순종하는 것이 왜 그토록 중요한지 자녀들에게 깨달음을 줄 수 있게 하소서.

하나님께서 정하신 선한 일

우리 주 예수 그리스도와 우리를 사랑하시고 영원한 위로와 좋은 소망을 은혜로 주신 하나님 우리 아버지께서 너희 마음을 위로하시고 모든 선한 일과 말에 굳건하게 하시기를 원하노라(살후 2:16-17).

아빠가 되는 것은 하나님께서 당신에게 정하신 "선한 일"의 일부입니다. 하나님이 당신을 세우셔서 성공적인 아버지가 되게 하십시오.

하나님 아버지, 감사합니다. 저에게 은혜를 베푸셔서 위로와 소망을 주셨습니다. 아버지의 은혜로 저를 모든 선한 일과 말에 굳건하게 하셨습니다. 아버지의 역할도 그 선한 일에 포함됩니다. 저를 사랑하셔서 베푸신 모든 은혜에 감사드립니다. 저항할 수 없는 그 아버지의 사랑이 저에게 날마다 힘이 됩니다. 주님을 찬양합니다. 주님의 사랑 안에서 저는 날마다 자라납니다.

아빠 역시 자녀다

보라 아버지께서 어떠한 사랑을 우리에게 베푸사 하나님의 자녀라 일컬음을 받게 하셨는가, 우리가 그러하도다(요일 3:1).

때로 아빠들은 자신 역시 아버지를 둔 자녀라는 사실을 잊습니다. 당신은 하나님만이 주실 수 있는, 그런 사랑을 받는 자입니다. 그리고 당신은 자녀들이 필요로 하는, 그런 사랑을 베푸는 자입니다. 하나님의 사랑 안에 살아가면서 하나님이 당신에게 주신 자녀들에게 바른 아버지가 될 수 있습니다.

주님, 때로는 주님이 저의 아버지라는 사실을 잊고 살아갑니다. 주님께는 돌봐야 할 자녀들이 있습니다. 그리고 저는 주님의 자녀 중 하나입니다. 다시 태어나 주님의 나라에 들어가게 되었고, 엄청난 유산을 누리는 상속자가 되었습니다. 주님의 사랑이 그렇게 하셨습니다. 주님의 사랑은 태어나기 전부터 이미 저를 택하셨습니다. 주님의 사랑은 영원 전부터 지금까지 저에게 미칩니다. 하나님, 이 측량할 수 없는 아버지의 사랑으로 저를 주님의 자녀 삼아 주신 것에 감사드립니다. 오늘 제가 완전한 아버지이신 하나님의 사랑을 제 아이들에게 전하게 하소서. 제 모든 자녀에게 바른 아버지가 되게 하소서.

진리 안에서

너의 자녀들 중에 우리가 아버지께 받은 계명대로 진리를 행하는 자를 내가 보니 심히 기쁘도다(요이 1:4).

아이들에게 진리를 가르치고, 진리대로 행하도록 지도하는 일은 아빠들에게 주어진 임무입니다. 그렇게 하기 위해 아빠 스스로 하나님 말씀의 진리 안에서 행해야 합니다. 진리를 직접 실천함으로써 본을 보여야 합니다.

주님, 모든 부모는 자녀들이 진리 안에서 행하기를 원합니다. 주님도 그러하십니다. 저 역시 그렇습니다. 오늘날 아이들은 문화 속에서 너무나 많은 거짓말에 노출되어 있습니다. 이와 같이 미묘한 거짓말들을 받아들이다 보면, 자녀들의 길이 비뚤어지고 결국 바른 목표를 달성하지 못하게 됩니다.

하나님, 이 아이들을 도우소서. 다음 세대의 모든 자를 도우소서. 특히 제 자녀들을 도우소서. 요한 사도와 마찬가지로 저 역시 자녀들이 진리 가운데 행하며 어릴 때 바른 길을 찾는다면 크게 기뻐할 것입니다.

하나님 나라의 지혜

위의 것을 생각하고 땅의 것을 생각하지 말라(골 3:2).

하나님 나라의 마음을 지닌 아빠는 이 땅에서도 유능합니다. 그 이유는 우선순위를 제대로 세우고 있기 때문입니다. 정말로 중요한 것이 무엇인지 알면, 모든 것이 다 제자리를 찾게 됩니다. 위의 것에 집중하십시오. 그리고 하나님의 뜻을 행하십시오. 그러면 성공이 바로 당신의 것이 됩니다.

주님, 어떤 때는 "땅의 것"에서 마음을 지켜 내기가 매우 어렵습니다. 그런데도 주님은 저를 남자로, 아빠로 부르셔서 더 위대한 것, 더 고상한 것을 행하게 하셨습니다. 비록 저는 이 땅의 삶을 살고 있지만 주님은 저를 부르셔서 주님 나라의 일부가 되게 하셨습니다. 제가 주님의 나라를 먼저 구할 때, 이 땅의 것들은 옛 찬송가 가사처럼 "이상하게도 희미해진다"(strangely dim, 1918년 작 Turn Your Eyes Upon Jesus 가사)는 사실을 깨닫습니다. 또한 마태복음 6장 33절에 드러난 것처럼 제가 주님의 나라를 먼저 구하면, 먹고 마시고 입는 것과 같이 세상에서 필요한 모든 것이 제게 더해집니다.

하나님 아버지, 주님의 나라가 제 삶의 첫 번째가 되게 하소서. 주님의 나라는 제 아이들을 양육하는 방법을 가르쳐 줍니다. 아빠인 제게 하나님 나라의 지혜를 주셔서 감사합니다.

하나님이 멀게 느껴질 때

너희는 강하고 담대하라. 두려워하지 말라. 그들 앞에서 떨지 말라. 이는 네 하나님 여호와 그가 너와 함께 가시며 결코 너를 떠나지 아니하시며 버리지 아니하실 것임이라 하고(신 31:6).

때로 삶에서 하나님이 일하고 계심을 전혀 의식하지 못한 채 며칠, 혹은 몇 주를 지날 때가 있습니다. 하지만 당신은 당신의 느낌이나 감각에만 의지해 살아갈 수 없습니다. 당신은 오직 하나님의 약속에 의지해서 살아갑니다. 주인 되신 하나님이 함께하신다는 사실을 앎으로써 당신에게 주어진 아빠의 길을 걸어갈 수 있습니다. 하나님은 당신을 떠나지도, 버리지도 않으십니다.

주님, 아이가 태어나면서 저는 완전히 다른 세상에 들어서게 되었습니다. 당시는 굉장히 두려웠고, 때로는 지금도 그렇습니다. 저와 아내가 부모라는 땅에 들어섰을 때 함께해 주셔서 감사합니다. 주님은 모든 단계마다 함께하셨고, 여전히 우리와 함께하십니다.

주님, 우리가 언제나 주님의 임재를 의식하는 것은 아닙니다. 때로는 양육이라는 여정을 우리 맘대로 걷고 있는 것같이 느껴지기도 합니다. 그렇지만 주님은 여전히 거기 계십니다. 충만하게 계십니다. 우리를 떠나지도, 버리지도 않으십니다.

주님 안에서 저는 강하고 용감한 아빠가 됩니다. 주님의 도우심으로 저는 모든 것을 할 수 있습니다.

자족

그러나 자족하는 마음이 있으면 경건은 큰 이익이 되느니라. 우리가 세상에 아무것도 가지고 온 것이 없으매 또한 아무것도 가지고 가지 못하리니 우리가 먹을 것과 입을 것이 있은즉 족한 줄로 알 것이니라. 부하려 하는 자들은 시험과 올무와 여러 가지 어리석고 해로운 욕심에 떨어지나니 곧 사람으로 파멸과 멸망에 빠지게 하는 것이라. 돈을 사랑함이 일만 악의 뿌리가 되나니 이것을 탐내는 자들은 미혹을 받아 믿음에서 떠나 많은 근심으로써 자기를 찔렀도다 (딤전 6:6-10).

'죽을 때 다 들고 갈 수는 없다'는 말이 있습니다. 좋은 아빠는 돈을 사랑하는 마음을 억누릅니다. 돈은 행복도, 평안도, 하나님을 섬기는 아이들도 주지 못하기 때문입니다. 하지만 당신이 영적으로 부유한 아이들을 길러 내는 것을 목표로 삼는다면, 행복과 평안과 하나님을 섬기는 아이들을 얻을 수 있습니다.

주님, 제 빈손을 내밀어 주님께서 채워 주시기를 간절히 구합니다. 그 무엇도 주님에게서 오지 않은 것이 없습니다. 또한 이 땅을 떠날 때 그 무엇도 제가 가져갈 것이 없습니다. 그렇기 때문에 저는 경건을 추구하고 큰 이익을 누리는 데 만족합니다.

하나님 아버지, 저는 영원에 집중하겠습니다. 또한 그곳에서도 저를 따라올 단 한 가지, 주님을 사랑하고 섬기는 경건한 아이들에 집중하겠습니다. 제게는 자녀들이 주님을 따르는 것보다 더 중요한 일이 없습니다. 이것으로 저는 만족합니다.

살아 계신 하나님

내 영혼이 하나님 곧 살아 계시는 하나님을 갈망하나니 내가 어느 때에 나아가서 하나님의 얼굴을 뵈올까(시 42:2).

당신이 섬기는 하나님은 살아 계신 하나님입니다. 그분은 당신과 함께하시며, 당신의 갈증을 해소해 주십니다. 당신은 살아 계신 하나님을 섬기기 때문에, 사람이나 이 세상의 환경을 조금도 두려워하지 않습니다. 또한 자신감 넘치는 아버지가 될 수 있습니다. 살아 계신 하나님께서 당신이 자녀들에게 필요한 아버지가 되는 데 부족함 없게 하시기 때문입니다.

주님, 오늘도 살아 계시고 만물을 통치하시는 주님을 예배합니다. 제 생명과 자녀들의 생명을 다스려 주소서. 주님은 살아 계시며, 주님을 사랑하는 자들에게 생명을 주십니다. 아빠로 살아가는 제 삶에 주님의 생명력을 불어넣어 주시기를 기도합니다. 저는 제가 마땅히 살아야 하는 삶을 살아 낼 수 없습니다. 하지만 주님이 제 안에 계신다면 할 수 있습니다. 제가 자녀를 기르고, 아내를 사랑하고, 직장에서 일할 때 제 안에서 살아 주소서.

하나님 아버지, 오늘도 제 영이 주님을 갈망합니다. 주님께서 주신 생명에 감사하여 엎드려 찬양합니다. 진정한 생명을 주심을 감사합니다.

하나님의 영광을 위하여

그런즉 너희가 먹든지 마시든지 무엇을 하든지 다 하나님의 영광을 위하여 하라(고전 10:31)

아빠가 되는 것도 "하나님의 영광을 위하여"라고 생각할 때, 자녀를 기르는 일이 하나님께 얼마나 중요한지 알 수 있습니다. 오늘, 하나님의 영광을 위하여 아빠가 되십시오.

    주님, 제 소망은 "하나님의 영광을 위하여" 아빠가 되는 것입니다. 위대한 아이들을 키우는 것도 훌륭한 일이지만, 그것도 자녀들이 하나님을 위한 삶을 살지 않는다면 충분하지 않습니다. 제가 자녀들과 소통하는 이유는 "하나님의 영광을 위하여" 아빠가 되는 것임을 기억하게 하소서.
    주님, 제게 자녀를 주신 주님을 찬양합니다. 자녀들 역시 모든 일을 할 때 하나님의 영광을 위하게 하소서.

하나님의 사랑 안에서

사랑하는 자들아 너희는 너희의 지극히 거룩한 믿음 위에 자신을 세우며 성령으로 기도하며 하나님의 사랑 안에서 자신을 지키며 영생에 이르도록 우리 주 예수 그리스도의 긍휼을 기다리라(유 1:20-21).

아빠로서 부모의 역할을 해낼 때, 당신은 하나님의 사랑 안에서 자신을 지킬 수 있습니다. 이것은 하나님의 사랑이 당신을 인도하고 지키신다는 사실을 되새기는 것입니다. 당신은 날마다 성령으로 기도하고, 하나님 말씀을 읽으며, 믿음 안에서 자신을 세워 갑니다. 그렇게 하면서 점점 더 강한 남자, 더 좋은 아빠가 되어 가는 것입니다.

하나님, 저를 향한 주님의 사랑에 감사합니다. 성령으로 기도하고, 말씀을 읽으며, 믿음 안에서 저 자신을 세울 기회를 주시니 감사합니다. 주님의 사랑 안에서 저 하나만을 지키는 것이 아니라 믿음으로 제 가족을 지키겠습니다.

주님, 우리는 모두 주님께 속하였습니다. 주님의 임재 가운데 현재의 삶을 지나 영원까지 내다봅니다. 주님의 자비에 감사드립니다. 주님의 은혜에 감사드립니다. 오늘 아빠로 살아갈 수 있게 하심에 감사하며, 그에 수반되는 모든 것에 감사합니다. 주님을 찬양합니다!

특별한 필요

믿음이 강한 우리는 마땅히 믿음이 약한 자의 약점을 담당하고 자기를 기쁘게 하지 아니할 것이라(롬 15:1).

모든 그리스도인 남성에게는 약한 자의 약점을 담당해야 하는 의무가 있습니다. 아빠인 당신에게 약한 자는 바로 자녀이고, 특별한 필요가 있는 자 역시 자녀입니다. 아빠보다 자녀들을 소중히 여기고 그들의 약점을 보듬어 줄 사람이 누구겠습니까? 아빠는 그렇게 하면서 점점 강해집니다.

하나님 아버지, 많은 아이들이 특별한 필요를 지니고 있습니다. 어떤 아이는 장애가 심각하고, 어떤 아이는 장애가 덜합니다. 하지만 주님, 저를 도우셔서 모든 아이에게 특별한 필요가 있다는 사실을 보게 하소서. 제 자녀 모두 정서적, 육체적, 영적 필요가 있습니다. 그리고 저는 아빠로서 반드시 그러한 필요를 인식하고 충족해 줘야 합니다. 바로 지금, 그들을 하나하나 생각합니다. 그리고 그들 각자의 삶에서 특별히 필요한 것들을 생각해 봅니다. 그러한 필요를 충족할 방법을 보여 주소서. 강점은 온전히 발휘하고 약점에는 함몰되지 않는 자신감을 자녀들에게 심어 주게 하소서.

또한 주님, 저 역시 특별한 필요가 있는 주님의 자녀입니다. 주님과 저만 아는 그 필요를 채워 주시기를 기도합니다.

아빠가 되는 것

지혜 있는 자는 듣고 학식이 더할 것이요
명철한 자는 지략을 얻을 것이라(잠 1:5).

아마도 아빠들은 부모가 된다는 것이 무엇인지 제대로 알지 못한 채 부모의 역할을 시작할 것입니다. 하지만 차츰차츰 날마다, 주마다, 해마다 지식과 경험이 축적됩니다. 그리고 그렇게 배운 내용 위에 계속해서 자신을 세워 나갑니다. 그렇게 조금씩 성장해 가는 것입니다. 당신이 지혜로운 아빠라면 하나님께서 당신 앞에 새로운 환경을 주실 때 하나님의 음성을 듣고 배워 나갈 것입니다. 또한 그렇게 습득한 경험으로부터 유익을 얻을 수 있을 것입니다.

하나님, 제게 아버지가 된다는 것은 여전히 '실무 교육'처럼 느껴집니다. 학교에서는 부모 개론 수업을 열지도 않습니다. 다만 저는 주님이 가르치실 때 듣겠습니다. 살아가면서 배우겠습니다. 그리고 주님과 제 또래 아버지들을 보며 지침으로 삼겠습니다. 저를 도우셔서 빠르게 습득하는 자가 되게 하시고, 아빠로서 실수를 저질러도 아이들이 상처받지 않게 하소서.

주님, 저를 가르치소서. 기꺼이 더 배우겠습니다.

아버지의 마음

그가 아버지의 마음을 자녀에게로 돌이키게 하고 자녀들의 마음을 그들의 아버지에게로 돌이키게 하리라. 돌이키지 아니하면 두렵건대 내가 와서 저주로 그 땅을 칠까 하노라 하시니라(말 4:6).

하나님은 오직 유순한 마음만 바꾸실 수 있습니다. 강퍅한 마음에는 조금밖에 일하시지 못합니다. 하나님이 당신의 마음을 빚으셔서 당신의 마음을 자녀들에게로 돌이키게 하시고, 자녀들의 마음을 당신에게로 돌이키시도록 기도합시다.

주님, 저는 아버지로서 자녀를 돌보는 것이 쉽지 않습니다. 적어도 자녀를 바르게 돌보는 일은 그렇습니다. 저는 자녀를 바르게 돌보기 원하지만, 때로는 실패하고 맙니다. 하지만 주님은 저에게 아버지의 마음을 주실 수 있습니다. 제 마음을 온전히 자녀에게 돌리게 하시고, 자녀들의 마음을 온전히 저에게 돌리실 수 있습니다. 주님은 저를 자녀들과 결속하게 하십니다. 그 결속은 오직 죽음으로만 깨질 것입니다.

하나님, 저는 아버지의 마음이 필요합니다. 제가 자녀들과 누리는 이 결속 관계를 더 강하게 하소서. 우리를 더 가깝게 하소서. 주님이 사랑하신 것처럼 더 사랑하게 하소서.

선한 사람

**여호와께서 선한 사람의 걸음을 인도하시고
그의 길을 기뻐하시므로**(시 37:23, 현대인의성경).

주님이 당신의 걸음을 인도하시고 당신의 길을 기뻐하신다는 사실을 깨닫는다면, 당신은 자신감 있는 아버지가 될 수 있습니다. 또한 하나님께서 당신의 걸음을 바르게 인도하실 것이고 자녀들을 유익하게 하신다는 사실을 신뢰할 수 있습니다. 하나님은 그렇게 당신을 돌보십니다.

주님, 주께서 제가 오늘 걷는 이 길을 기뻐하시기를 소망합니다. 저는 절대 제 힘으로 "선한 사람"이 되지 못합니다. 다만 저는 아버지를 사랑하고 그리스도를 제 구세주로 따르며 성령님의 인도하심을 받을 뿐입니다. 따라서 제 모든 선함은 저 자신이나 제가 하는 어떤 일에서 오는 것이 아니라 주님에게서 옵니다. 저는 그러한 존재이기에 주님은 오늘도 제 걸음을 인도하시겠다고 약속하십니다. 저는 아빠로서 책임을 다할 것입니다. 특별히 아버지로 살아가는 제 걸음을 인도해 주소서. 저를 도우셔서 아이들과 소통할 수 있기를 간절히 구합니다. 인내하게 하시고 자녀들에게 자비를 보이게 하시며 주님을 따름으로써 "선한 사람"이 되는 방법을 가르치게 하소서. 그리하여 그들의 걸음 역시 주님의 인도를 받게 하소서.

은혜를 맡은 청지기

각각 은사를 받은 대로 하나님의 여러 가지 은혜를 맡은 선한 청지기같이 서로 봉사하라(벧전 4:10).

하나님이 남자를 부르셔서 가정의 머리가 되도록 하셨기 때문에 하나님께서 남자를 더 높이 평가하신다고 잘못 생각하기 쉽습니다. 하지만 사실은 정반대입니다. 가족의 머리가 된다는 것은 가족의 대장이 된다는 것이 아니라 가족을 섬기는 종이 된다는 뜻입니다. 당신은 가정을 인도함으로써 가정을 섬깁니다. 겸손함으로 섬기는 것입니다. 당신은 이렇게 하나님이 당신의 가정에 베푸신, 은혜를 맡은 청지기입니다.

주님, 아버지의 역할은 아이들을 섬기는 종임을 깨닫습니다. 저는 아이들을 위해 기도하고, 가르치고, 자녀들이 혼자 하기 벅찬 일들을 도우며 그들을 섬깁니다. 주님이 주신 은혜를 맡은 청지기로서, 그리고 주님이 제게 위탁하신 자녀들을 지키는 후견인으로서 이 종의 역할을 다하는 것입니다.

주님, 자녀들이 선물이라는 사실을 잊지 않겠습니다. 저를 도우셔서 자녀들을 잘 섬기게 하소서.

영적 멘토

내가 네 갈 길을 가르쳐 보이고 너를 주목하여 훈계하리로다(시 32:8).

아빠들이 의지할 수 있는 사실 하나는 바로 하나님께서 아버지들의 성공에 엄청난 관심을 품고 계시다는 사실입니다. 하나님은 아버지가 자녀들에게 갈 길을 가르쳐 보이게 하셨습니다. 그분이 모든 그리스도인에게 갈 길을 가르쳐 보이겠다고 약속하신 것처럼 말입니다. 이것이 하늘 아버지의 역할입니다. 마찬가지로 당신의 역할도 자녀들을 주목하여 훈계하는 것입니다. 당신은 주의 깊게 그들을 관찰해야 합니다. 당신이 가르치고 지도하고 훈계하지 않는다면 다른 누군가가 그렇게 할 것입니다. 그리고 그 사람은 당신의 자녀를 바르게 지도하지 않을 수도 있습니다.

하나님 아버지, 제 갈 길을 가르쳐 보이신 목적을 알게 되었습니다. 바로 저도 자녀들에게 그렇게 하도록 하신 것입니다. 자녀들은 저를 보면서 주님의 모습을 그릴 것입니다. 그 사실이 저를 놀라게 합니다. 그리고 조금은 두렵습니다. 주님이 저를 훈계하시는 것처럼 저도 그들이 갈 길을 훈계하겠습니다. 주님이 저를 주목하신 것처럼 저도 자녀들을 주목하겠습니다. 지금 이 순간에도 주님은 제 삶에 눈길과 손길을 두신다는 것을 압니다. 그 사실이 저를 각성시키고 힘을 줍니다.

자녀의 친구들

내 아들아 악한 자가 너를 꾈지라도 따르지 말라(잠 1:10).

어느 시점에 이르면 모든 자녀가 다른 가치관을 지닌 누군가와 친분을 맺게 됩니다. 앞으로 친구가 될 아이 중 몇몇은 바른 가치관을 정립하지 못했을 수도 있습니다. 아빠는 자녀들의 친구를 반드시 알고 있어야 합니다. 그리고 자녀가 친구의 영향을 받고 있는지, 반대로 영향을 끼치고 있는지를 분명히 확인해야 합니다. 당신의 자녀들이 악으로 유혹하는 친구들에게 넘어가도록 내버려 두는 것은 큰 실수입니다.

주님, 제 자녀들이 좋은 친구를 만나기 원합니다. 하지만 요즘에는 그들이 다 안전한 친구인지를 알기 어렵습니다. 때로는 제 자녀가 외박이나 친구와 함께 여행을 가는 것도 걱정됩니다. 하나님, 제게 분별력을 주시고, 옳지 않다는 느낌이 들 때는 안 된다고 말할 수 있는 용기를 주소서. 또한 제 아이들을 가르치셔서 따라가는 자가 아닌 인도하는 자가 되게 하소서. 그리하여 친구들에게 쉽게 끌려가 죄악된 상황에 처하지 않게 하소서. 제 아이들이 친구들에게 나쁜 영향을 받는 편에 서지 않고, 오히려 선한 영향을 끼치는 편에 서게 하소서.

보는 것과 생각하는 것

나는 비천한 것을 내 눈앞에 두지 아니할 것이요(시 101:3).

눈은 생각의 세계에서 입구에 해당합니다. 따라서 당신이 보는 것은 당신의 생각에 큰 영향을 끼칩니다. 그리고 당신의 생각은 당신의 행동에 큰 영향을 끼칩니다. 악을 본다는 것은 악을 마음에 들여놓는 것입니다. 당신은 절대로 그렇게 하지 말아야 합니다. 또한 당신의 자녀들도 악에 손을 대도록 내버려 두지 말아야 합니다. 악을 보는 것도 허용하지 말아야 합니다.

주님, 때로는 우리를 유혹하는 온갖 이미지가 제 연약한 눈뿐 아니라 제 자녀들의 눈에도 보인다는 사실에 낙담합니다. 어떻게 해야 자녀들의 마음에 오랫동안 각인될 모든 부정한 이미지로부터 그들을 지킬 수 있을까요? 이미지는 그들의 부패한 성정에 먹이를 주며, 죄에 결박된 삶으로 빠져들게 만듭니다.

저를 도우소서. 제가 그들의 본이 되어 "비천한 것을" 제 눈앞에 두지 않게 하소서. 저를 일깨우셔서 기도 가운데 제 눈과 그 순결함을 지키게 하소서. 악에서 지키소서. 주님, 제가 본을 보여 자녀들이 악이 아닌 선을 구하도록 인도하게 하소서.

핑계 대지 않기

그런데 그들은 모두 하나같이 핑계를 대기 시작하였다(눅 14:18, 새번역).

실수를 인정하는 데는 용기가 필요합니다. 그리고 그렇게 하는 것은 당신이 책임감 있는 사람임을 증명하는 것입니다. 아이들에게 본을 보이십시오. 구차한 핑계를 대지 마십시오.

하나님 아버지, 때로 저는 아빠로서 저지른 실수를 해명하려 듭니다. 몇몇 그럴싸한 이유를 생각해 내기도 합니다. 그렇지만 그 이유가 그다지 좋은 것은 아닙니다. 그저 곤경을 면하기 위한 것들입니다. 주님, 그렇게 하는 것이 좋은 본이 아니라는 사실을 압니다. 저는 핑계를 대지 않는 아빠로 변해야 합니다.

제가 실수를 저지르거나 하지 말아야 할 일을 했을 때는 그 책임을 온전히 지는 아빠가 되게 하소서. 또한 일을 망쳤을 때도 온갖 핑계를 대지 않는 아이들로 길러 내게 도우소서.

부끄러움을 이겨 내다

그들이 주를 앙망하고 광채를 내었으니
그들의 얼굴은 부끄럽지 아니하리로다(시 34:5).

하나님은 당신을 모든 부끄러움에서 자유롭게 하셨습니다. 이는 위대한 자유입니다. 부끄러움은 아무것도 이룰 수 없습니다. 다만 당신을 무너뜨릴 뿐입니다. 당신은 오히려 부끄러움을 이겨 내고, 하나님을 바라보며 광채를 발해야 합니다.

　주님, 제 삶에는 부끄러움이 있습니다. 하지만 주님은 저를 부끄러움에서 해방하십니다. 주님은 제가 부끄러움 없이 바라볼 수 있는 유일한 분입니다. 그 이유는 제 모든 부끄러움과 저를 부끄럽게 만드는 모든 것이 십자가에서 완전히 해결되었기 때문입니다.

　저는 이제 그리스도와 함께 십자가 위에 그 부끄러움을 모두 내려놓을 것입니다. 아버지, 제가 아이들에게 수치심을 주지 않게 하소서. 그들을 바르게 하는 것은 옳습니다. 그들을 훈육하는 것도 당연합니다. 하지만 그들에게 수치심을 주면 안 됩니다. 저를 도우셔서 제 자녀들에게 어떤 부끄러움이 있든지 그것을 십자가에 곧바로 가져가 해방감을 누리도록 가르치게 하소서. 아이들 역시 부끄러움 없는 삶의 광채를 알게 하소서.

자녀와의 여행

이르시되 너희는 따로 한적한 곳에 가서 잠깐 쉬어라 하시니(막 6:31).

당신을 "아빠"라고 부르는 모든 자녀는 당신과 따로 시간을 보낼 자격이 있습니다. 그렇게 개인적으로 자녀와 집 밖에서 시간을 보낸다면 아빠와 자녀 모두에게 평생 기억에 남는 추억이 될 것입니다. 때때로 부부끼리 여행하는 것도 잊지 마십시오.

하나님 아버지, 가끔은 휴가를 떠나는 것이 좋습니다. 저에게는 오직 자녀하고만 함께하는 경험이 필요합니다. 이 일을 곧 할 수 있도록 시간과 물질을 허락해 주시기를 기도합니다. 캠핑, 낚시, 어떤 활동이든 제 아이들을 진정으로 알아 가는 시간이 될 것입니다. 그들과 이야기를 나눌 시간이 될 것입니다. 자녀들 역시 저를 진정으로 알아 가는 시간이 될 것입니다.

우리를 새롭게 하소서. 일상을 벗어나는 시간이 단 하룻밤 정도로 짧더라도 말입니다. 저를 도우셔서 이 짧은 휴가를 가장 중요한 것으로 여기게 하소서. 주님과 홀로 함께할 때 주님과의 관계가 깊어지듯이, 제가 아이들과 시간을 함께할 때 아이들과의 관계도 깊어지게 하소서.

열정 나누기

네 손이 일을 얻는 대로 힘을 다하여 할지어다(전 9:10).

아이들과 자신의 열정을 나눌 수 있는 아빠는 그 활동에서 누리는 기쁨을 갑절로 맛볼 수 있습니다. 더불어 자녀들과 훌륭한 유대 관계도 맺을 수 있습니다. 하지만 잊지 마십시오. 자녀가 스스로 열심을 낼 수 있는 그 열정을 찾아서 격려해 주어야 합니다.

하나님, 주님은 이 땅에서의 예수님의 아버지로 요셉을 정하셨습니다. 목수의 아들로 태어나셨기 때문에 예수님도 목수가 되신 것은 우연이 아닙니다. 저는 예수님이 요셉에게서 목수 일의 열정을 이어받으셨으리라 확신합니다.

하나님, 이와 마찬가지로 저는 아이들에게 제가 열정을 느끼는 몇 가지 관심사를 전하고 싶습니다. 취미와 관련된 몇 가지 소소한 관심사지만 그중에는 주님께서 제게 주신 열정이라고 믿는 것들도 있습니다. 아이들이 제 관심사에서 비전을 찾고 또 저와 공유하기를 기도하지만, 주님께서 그들의 마음에 또 다른 열정과 관심사를 심어 주셨음을 압니다. 아이들에게 제 열정을 나누기 원하는 것처럼 저도 아이들이 사랑하는 것을 함께 즐거워하며 나눌 수 있기를 기도합니다. 그렇게 할 수 있도록 도우소서.

기도를 가르치다

저희에게도 기도를 가르쳐 주십시오(눅 11:1, 공동번역).

아빠들은 자녀들에게 많은 것을 가르칩니다. 하지만 기도보다 더 중요한 것은 없습니다. 기도를 가르치는 간단한 방법이 있습니다. 자녀가 주기도문을 습득하도록 돕는 것입니다. 자녀들에게 이 친숙한 기도문을 가르치고 각 구절의 의미를 함께 나누십시오.

하나님 아버지, 저는 자녀들을 위해 날마다 끊임없이 기도하지만 자녀들도 기도의 중요성을 꼭 이해하도록 만들고 싶습니다. 저를 도우셔서 기도가 무언가를 얻어 내는 것이 아니며, 자기 전에 행하는 의식도 아니라는 것을 가르치게 하소서. 기도는 우리의 창조주이신 하나님과 소통하는 것입니다. 기도는 예배입니다. 기도는 듣는 것입니다. 기도는 우리를 어느 때나, 어느 장소에서나 주님께 가까이 이끌어 주는 도구입니다.

주님, 아이들에게 기도의 중요성과 기도하는 법을 가르치고 격려하도록 저를 인도하소서.

용기

깨어 믿음에 굳게 서서 남자답게 강건하라(고전 16:13).

아빠가 되기 위해서는 용기가 필요합니다. 이는 종종 반대에 직면하더라도 가족을 이끌어 가야 한다는 뜻입니다. 아내와 상의하며 기도로 결정을 내려야 한다는 뜻입니다. 가족에게 무엇이 중요한지를 두고 담대하게 기도해야 한다는 뜻입니다. 용기 있는 남자의 영혼은 책임져야 할 일 앞에서 움츠리지 않습니다.

하나님, 저는 주님의 은혜로 믿음의 남자, 믿음의 아빠가 되었습니다. 저는 성령님으로 말미암아 깨어 믿음에 굳게 서서 남자답게 강건할 수 있습니다. 용기를 발해야 할 때마다 담대함을 드러낼 수 있기를 기도합니다. 아이들에게 무엇이 용감한 것이며, 언제 용감해야 하는지 가르칠 수 있기를 기도합니다. 그리고 어떻게 깨어 있어야 할지도 가르치게 하소서.

베푸는 아버지

온갖 좋은 은사와 온전한 선물이 다 위로부터 빛들의 아버지께로부터 내려오나니 그는 변함도 없으시고 회전하는 그림자도 없으시니라(약 1:17).

상황에 따라 기분이 급변하는 아버지 아래에서는 불안해하는 자녀가 나오기 마련입니다. 자녀들은 변덕을 부리지 않고 어려움을 당해도 변함이 없는 아빠를 원합니다. 아빠들은 반드시 베푸는 자가 되어야 합니다. 그리고 종잡을 수 없이 변하지 말아야 합니다.

하나님, 제 아이들이 저를 볼 때, 상황에 따라 변하지 않고 아버지의 역할에 흔들림 없는 안정적인 사람이기를 원합니다. 옳은 것이라면 지키겠습니다. 그른 것이라면 맞서 싸우겠습니다. 이런 면에서 저는 주님처럼 되어야 합니다. 온전한 선물을 주시는 주님을 본받아서 아이들에게 좋은 것을 베푸는 자가 되겠습니다.

들어 주는 아빠

너희가 알지니 사람마다 듣기는 속히 하고
말하기는 더디 하며 성내기도 더디 하라(약 1:19).

아빠들은 아이들의 말을 듣습니다. 참회, 기도, 상처, 기쁨, 그리고 가끔은 비밀도 듣습니다. 때로는 아빠들이 자신의 참회, 기도, 상처, 기쁨, 비밀을 자녀와 나누기도 합니다. 그렇게 아빠들은 자녀들과 진솔하게 나누는 법을 배우고, 듣는 법을 익힙니다.

하나님, 아이들의 말을 집중해서 듣고 신중히 말하며 아이들이 화를 돋우어도 분노를 가라앉혀야 한다는 것을 압니다. 저를 도와주소서. 어린 시절 제가 말썽을 부렸을 때, 제 아버지가 해 주시기 원했던 대로 제 자녀들을 대하게 하소서. 아버지가 일을 바르게 처리하셔서 제가 아버지를 본받을 수 있었던 때를 기억하게 하소서. 또한 아버지가 일을 그릇되게 처리하셔서 제가 몇몇 실수를 피할 수 있었던 일도 기억하게 하소서. 주님, 제 아버지가 어떠한 사람이든지 저를 도우셔서 제가 자녀들에게 더 나은 아빠가 되게 하소서.

악에 맞서다

악은 어떤 모양이라도 버리라(살전 5:22).

악이 언제나 자신의 존재를 소리 높여 외치는 것은 아닙니다. 때로는 미묘하게 자신을 드러냅니다. 하지만 방심하지 않는 아빠는 그 악을 알아챕니다. 그리고 악이 어떤 모양을 취하든지 먼저 그 악을 피하며, 가족들도 악으로부터 지켜 냅니다.

주님, 이 시대에는 욕심, 야망, 호색, 탐욕, 교만 등 여러 모양으로 찾아오는 악에 유혹당하기 쉽습니다. 하지만 성령님께서 제 영혼의 위대한 수호자가 되셔서 악이 다양한 형태의 유혹으로 다가올 때 거부할 수 있도록 힘을 주십니다.

주님, 제 자녀들이 쉽게 접할 수 있는 악에 맞서기를 기도합니다. 저를 도우셔서 유혹으로부터 막아 주시고, 아이들이 주님을 신뢰하고 기도하며 말씀 가운데 거하여 유혹에 맞설 수 있도록 가르치게 하소서.

주님, 지켜 주소서. 악을 피하려면 주님의 도움이 필요합니다.

상상

우리 조상들 아브라함과 이삭과 이스라엘의 하나님 여호와여 주께서 이것을 주의 백성의 심중에 영원히 두어 생각하게 하시고 그 마음을 준비하여 주께로 돌아오게 하시오며(대상 29:18).

상상은 하나님이 주신 선물입니다. 따라서 당신은 악이 아닌 선을 위해 이 상상력을 사용해야 합니다. 아빠들이여, 자녀를 격려하여 상상력과 창조력을 발휘하고, 상상한 것을 이뤄 나가 현실로 옮기십시오. 자녀들을 악한 상상에서 지키십시오.

주님, 상상은 좋은 것일 수도, 악한 것일 수도 있습니다. 주님께서 주신 상상은 선하고 건전하고 창조적입니다. 제 자녀들을 위해 기도합니다. 저를 도우셔서 자녀들을 인도하여 주님의 영광을 위해 거룩하고 올바른 상상력을 추구하게 하소서.

하나님 아버지, 때때로 찾아오는 악한 상상에서 저를 지켜 주시기를 구합니다. 제가 맑고 깨끗한 마음을 품고 주님을 기쁘시게 하는 데 상상력을 사용하게 하소서.

주님, 제 자녀들과 제가 오직 주님을 높이는 일만 상상하게 하소서. 상상이라는 놀라운 선물을 주신 주님을 찬양합니다!

의무와 책임

이러므로 우리 각 사람이 자기 일을 하나님께 직고하리라(롬 14:12).

아버지가 된다는 것은 18년 동안 투자할 수 있는 일정 금액을 받는 것과 같습니다. 당신은 그 기간이 끝날 때 받게 될 투자 수익을 기대합니다. 그 수익은 바로 자녀들이 순전한 신앙을 지닌 믿음의 사람으로 성장하는 것입니다. 아빠들은 자신에게 맡겨진 보물들의 얼굴을 보며 위대한 소망을 바라볼 수 있습니다. 이 소망은 당신이 자녀들의 모든 가능성을 발현해 주기만을 기다리고 있습니다.

하나님 아버지, 언젠가 주님께 제가 살아온 길을 숨김없이 말해야 할 때가 올 것입니다. 그때는 제가 자녀를 키운 일에 대해서도 말해야 할 것입니다. 그 일을 생각하면 두려워집니다. 제 아이들의 어린 시절은 되돌릴 수 없기 때문입니다. 아이들이 자라는 것은 단 한 번의 기회뿐이며 저에게도 자녀들을 기를 단 한 번의 기회만 있습니다.

제가 지닌 아빠의 지혜로 아이들을 영적으로 강하고 정서적으로 성숙하게 성장시킬 수 있기를 기도합니다. 저를 도우소서. 주님, 오늘 이 순간에도 저는 영원을 향하여, 그리고 주님 앞에서 모든 것을 말씀드려야 할 그날을 향하여 나아가고 있습니다.

성경을 가르치라

너는 진리의 말씀을 옳게 분별하며 부끄러울 것이 없는 일꾼으로 인정된 자로 자신을 하나님 앞에 드리기를 힘쓰라(딤후 2:15).

비록 다윗과 골리앗, 혹은 요나와 큰 물고기의 이야기를 읽어 주는 정도라 해도, 아빠가 자녀에게 성경을 가르친다면 아이는 이 이야기가 아빠에게 중요하고, 따라서 자신에게도 중요하다는 사실을 알게 됩니다. 자녀에게 선물을 주십시오. 바로 하나님의 말씀을 읽어 주는 것입니다.

하나님, 저에게는 우리 집의 가장으로서 아이들이 주님의 말씀을 알게 해야 하는 책임이 있습니다. 제가 아이들에게 성경말씀의 든든한 토대를 제공할 수만 있다면, 아이들을 행복의 길로 걷게 할 것입니다. 그래서 저는 주님께 기도합니다. 제가 자녀들에게 성경말씀을 전할 때 주님의 지혜를 주소서. 저는 성경학자와는 거리가 먼 사람이지만 마치 예수님이 물고기와 떡을 통해 행하신 것처럼 제가 아는 것을 취하셔서 크게 사용하소서.

주님의 말씀을 제게 가르치소서. 그리하여 저도 아이들에게 주님의 지혜를 가르치게 하소서.

서로 지체가 됨

그런즉 거짓을 버리고 각각 그 이웃과 더불어 참된 것을 말하라. 이는 우리가 서로 지체가 됨이라(엡 4:25).

당신의 가족을 교회에 속한 작은 부분이라고 생각하십시오. 당신은 그리스도의 지체이자 가족의 지체이기도 합니다. 그렇게 해서 서로 지체가 되는 것입니다. 이는 서로에 대한 사랑과 존경을 의미합니다. 그리고 하나 됨을 의미합니다. 가족 사이에 종종 의견이 엇갈리더라도 말입니다. 그러한 사소한 다툼이 가족의 결합을 끊을 수는 없습니다.

주님, 주님의 교회와 마찬가지로 우리 가족도 "서로 지체"가 되었습니다. 저는 우리 가족이 필요하고 우리 가족은 제가 필요합니다. 우리 중 누구도 소외되지 않습니다. 우리는 모두 가족이 되라고 하신 소명에 필수적인 존재들입니다.

하나님, 가족이 서로 더욱 온전히 사랑하는 법을 배우게 하소서. 가족이 사랑 가운데 서로에게 진리를 말하게 하시고, 서로를 존경하게 하소서. 그렇게 하여 우리 가족을 계획하시고 지키시는 주님을 경외하게 하소서.

용납과 포용

거기에는 헬라인이나 유대인이나 할례파나 무할례파나 야만인이나 스구디아인이나 종이나 자유인이 차별이 있을 수 없나니 오직 그리스도는 만유시요 만유 안에 계시니라(골 3:11).

하나님의 가족은 모든 민족과 인종으로 이루어져 있습니다. 그리스도인 아빠는 자녀들이 다른 문화를 배우도록 돕고 다른 이들을 존경하도록 가르칩니다.

하나님 아버지, 아버지의 나라는 온 땅의 사람들로 이루어집니다. 주님께는 선호하는 인종이나 계층도 없습니다. 다만 그리스도께서 만유가 되십니다.

저를 도우셔서 자녀들에게 모든 사람을 존경하는 바른 마음을 심게 하소서. 저를 도우셔서 자녀들의 본이 되게 하시고 인종 차별은 어떤 형태라도 철저히 배격하도록 가르치게 하소서. 자녀들이 다른 사람들을 사랑하는 법을 배우게 하소서. 사랑만이 그리스도인의 참된 모습이기 때문입니다.

기다림

나 곧 내 영혼은 여호와를 기다리며 나는 주의 말씀을 바라는도다(시 130:5).

기다림은 어려운 일입니다. 하지만 기다림은 하나님이 당신을 성장시키시는 방법 중 하나입니다. 당신은 하나님이 당신에게 계획하신 시간표를 신뢰하며, 당신의 삶에서 하나님이 일하시기를 기다립니다. 또한 기다리면서 하나님의 말씀에 소망을 품습니다.

주님, 주님은 제가 기다림을 어려워한다는 것을 아십니다. 저는 지금 당장 답이 나오기를 원합니다. 내일이 아닌 오늘 해결책이 나오기를 바랍니다. 하지만 주님은 제게 기다리라고 하십니다. 기다리며 주님께 소망을 품으라고 하십니다. 주님의 사전에는 '기다림'이 '배움'과 동의어라는 사실이 감사합니다. 저는 주님을 기다리고, 말씀에 소망을 품으며, 주님이 제게 주신 교훈들을 배웁니다.

하나님, 자녀들에게 어떻게 주님을 기다리도록 가르칠지 보여 주소서. 아이들은 부모보다 기다림을 더 힘들어합니다. 제가 아이들에게 주님의 말씀에 소망을 품도록 가르칠 수 있다면 저는 아버지로서 성공한 사람이 될 것입니다. 그러기 위해 제가 먼저 주님을 기다리겠습니다. 주님의 말씀으로 바르게 사는 법을 보여 주소서. 제가 진정으로 바라는 것은 주님의 말씀뿐입니다.

홀로서기

두려워하지 말라. 내가 너와 함께 함이라. 놀라지 말라. 나는 네 하나님이 됨이라. 내가 너를 굳세게 하리라. 참으로 너를 도와주리라. 참으로 나의 의로운 오른손으로 너를 붙들리라(사 41:10).

언젠가 당신의 자녀들은 거절을 당하게 될 것입니다. 아마도 친구나 또래, 혹은 바라던 직장에서 그럴 것입니다. 거절당하는 바로 그때 하나님을 신뢰하는 것이 중요합니다. 아직 자녀들이 어린 지금, 거절에 어떻게 대처해야 하는지를 가르치십시오. 하나님이 언제나 함께하셔서 아이들을 굳세게 하시고, 그들을 의로운 오른손으로 붙드신다는 사실을 가르치십시오.

주님, 때로는 제 아이들이 많은 사람 가운데 외롭게 홀로 서야만 하는 순간이 있음을 압니다. 어쩌면 우리 아이들이 지닌 다른 점 때문에 조롱을 당할 수도 있고 심지어 주님에 대한 믿음 때문에 그럴 수도 있습니다.

아이들이 살면서 불가피하게 거절을 당하게 될 때도 담대할 수 있게 하소서. 아이들에게 용기가 필요할 때 주님의 의로운 오른손이 붙들어 주실 것을 기대하게 하소서. 두려움 때문에 옳은 것과 진리를 외면하지 않기를 기도합니다. 자녀들이 강하게 설 수 있도록 도우소서. 제가 아이들에게 용감함의 본이 되도록 도우소서.

여호와의 아름다움

하나님이 모든 것을 지으시되 때를 따라 아름답게 하셨고(전 3:11).
내가 여호와께 바라는 한 가지 일 그것을 구하리니 곧 내가 내 평생에 여호와의 집에 살면서 여호와의 아름다움을 바라보며 그의 성전에서 사모하는 그것이라(시 27:4).

하나님은 창조세계를 통해 자신을 드러내십니다. 자연의 아름다움 속에 하나님의 작품들이 있습니다. 아빠는 자녀들에게 창조세계가 아무리 놀라워도 그것을 창조한 설계자만큼은 아니라는 사실을 가르쳐야 합니다. 진정으로 아름다운 분은 하나님 한 분뿐입니다. 자녀들에게 언젠가 영원히 "여호와의 아름다움을 바라보게" 될 그날을 사모하는 마음을 불어넣어 주십시오.

하나님 아버지, 아이들에게 주님에 대해, 그리고 우리가 살고 있는 이 놀라운 세상에 대해 가르치는 것이 아빠인 제가 해야 할 일임을 압니다. 저를 도우셔서 아이들에게 피조세계의 아름다움뿐 아니라 하나님의 아름다움을 보여 주게 하소서. 하나님만이 홀로 장엄하시고 영광스럽습니다. 우리의 눈을 열어 "여호와의 아름다움을 바라보게" 하소서.

마침내 임할 복

시험을 참는 자는 복이 있나니(약 1:12).

성숙한 그리스도인 아빠는 시험 가운데서도 낙심하지 않습니다. 어려운 상황 때문에 흔들리지 않습니다. 오늘 당신이 어떤 일을 당하든 요동하지 않습니다. 하나님께 굳게 기대십시오.

하나님, 아빠가 되는 것에는 시험이 따른다는 사실을 압니다. 때로는 도저히 맞설 수 없을 것만 같습니다. 하지만 제가 부모로서, 혹은 다른 어떤 신앙의 시험을 당할지라도 흔들리지만 않는다면 주님께서 제게 복을 주신다는 약속이 있기에 감사합니다. 시험이 지나갈 때까지 주님 안에서 쉴 수 있고 기다릴 수 있어서 감사합니다. 시험은 언젠가 끝납니다. 저를 도우셔서 주님께서 제 앞에 허락하신, 아빠로서 당하는 이 모든 시험에 숨겨진 메시지를 보게 하소서. 저는 그 메시지를 하나도 놓치고 싶지 않습니다. 또한 제가 아버지로서 성장하는 데 도움이 되길 원합니다.

필요한 시험이 다가올 때 인내하며 주님을 신뢰하도록 저를 깨우쳐 주소서. 그리고 마침내 임할 복을 기다리게 하소서.

어두운 세상의 빛

모든 일을 원망과 시비가 없이 하라. 이는 너희가 흠이 없고 순전하여 어그러지고 거스르는 세대 가운데서 하나님의 흠 없는 자녀로 세상에서 그들 가운데 빛들로 나타내며(빌 2:14-15).

원망과 시비는 마치 아이들의 유전자에 내재된 것처럼 보입니다. 하지만 아이들은 당신의 그 나이 때의 모습과 전혀 다르지 않습니다. 창조성이 있는 아빠라면 원망의 시기를 오히려 하나님을 찬양하는 기회로 삼을 것입니다. 그리스도인 아빠들과 그 가정의 아이들이 흠 없이 순전함을 지키고 불평하지 않는다면 어두운 이 세상에서 빛이 될 것입니다.

주님, 저는 아이들이 사소한 것들로 꼬치꼬치 캐묻거나 불평하는 모습이 싫습니다. 하지만 때로는 저 역시 그렇다는 사실을 알고 있습니다. 저를 도우셔서 제 삶에 장기적인 비전을 품게 하시고 제 길을 막는 일상의 자잘한 문제에 집중하지 않게 하소서.

하나님, 저와 제 가족은 어그러지고 거스르는 세대 가운데 살고 있습니다. 그리고 주님은 우리 가족과 모든 그리스도인을 부르셔서 어둠 가운데 빛을 발하라고 하셨습니다. 그 빛은 오직 우리가 주님의 빛을 반영할 때만 나타납니다. 우리가 날마다 주님을 바라보며 이 소란한 바다 가운데서 등대와 같이 빛나게 하소서.

화살통의 화살 같으니

보라 자식들은 여호와의 기업이요 태의 열매는 그의 상급이로다. 젊은 자의 자식은 장사의 수중의 화살 같으니 이것이 그의 화살통에 가득한 자는 복되도다. 그들이 성문에서 그들의 원수와 담판할 때에 수치를 당하지 아니하리로다 (시 127:3-5).

현대 사회에서 자녀는 종종 불편한 존재로 여겨지며, 많은 아빠가 자녀를 거부하고 아버지의 의무에서 달아나 버립니다. 그러나 자녀는 하나님에게서 오는 것임을 기억하십시오. 자녀는 축복입니다. 좋은 아빠는 자신의 자녀뿐 아니라 아버지가 없는 아이들까지, 모든 자녀를 축복으로 여깁니다.

주님, 제 화살통은 축복을 받았습니다. 제 자녀들은 주님의 소유이며 저는 그저 후견인에 불과하지만 모든 자녀는 주님이 주신 유산임을 압니다. 제게 주신 이 임무를 신실하게 감당하고 언제나 감사하게 하소서. 또한 아버지가 없는 아이들, 다른 필요가 있는 아이들도 소중히 여기게 하소서.

제 '화살' 하나하나의 이름을 부르며 기도합니다.

아빠의 경주

운동장에서 달음질하는 자들이 다 달릴지라도 오직 상을 받는 사람은 한 사람인 줄을 너희가 알지 못하느냐. 너희도 상을 받도록 이와 같이 달음질하라 (고전 9:24).

삶을 장거리 마라톤 경기로 본다면 결승선을 향해 집중하고 이기려는 목적을 가지고 경주하는 것이 얼마나 중요한지 잘 알 것입니다. 그러나 하나님께서 주관하시는 아버지들의 마라톤 경주에서는 단 한 명의 승자만 있는 것이 아닙니다. 신실한 아빠는 누구나 상을 받습니다. 이기기 위해 달리십시오. 당신도 할 수 있습니다.

하나님, 저는 경주 중입니다. 그 결승선은 제 아이들이 주님을 사랑하고 섬기는 성숙한 성년으로 서는 모습을 보는 것입니다. 제 친구의 자녀 중에 이미 성년이 된 경우를 봅니다. 그리고 많은 아이가 믿음을 버렸다는 것도 알게 되었습니다. 심지어 마약, 성적 타락, 돈에 대한 탐욕으로 위태로운 삶을 살아가기도 합니다.

저를 도우셔서 제 자녀들에게 바르게 사는 법과 성공적인 그리스도인으로 사는 방법을 보여 주게 하소서. 저는 이 경주를 처음부터 다시 달릴 수 없습니다. 주님, 제가 이 경주를 잘하여 상을 받게 하소서.

공급자

누구든지 자기 친족 특히 자기 가족을 돌보지 아니하면 믿음을 배반한 자요 불신자보다 더 악한 자니라(딤전 5:8).

아빠들은 날마다 가족에게 필요한 것을 공급함으로써 자신의 신앙과 아버지의 소명을 입증합니다. 맞벌이 부부라 해도 궁극적으로 가정의 필요를 공급할 책임은 아빠에게 있습니다. 하나님의 관점에서 볼 때 이러한 책임감은 축복입니다. 아버지들이여, 사랑하는 사람들의 공급자가 되는 소명을 주신 하나님을 찬양하십시오.

주님, 가족에게 필요한 것을 공급하는 일은 아버지의 의무입니다. 주님을 통해 이 일을 할 수 있게 하시니 감사합니다. 하나님이 저를 인도하셔서 이 의무를 다할 수 있게 하시지만 그 명령을 수행해야 하는 사람은 저입니다. 이 책임을 통해 저는 믿음을 긍정하는 자가 됩니다. 주님의 자녀들에게 공급자가 되게 하신 아버지의 역할을 잘 감당하겠습니다.

하나님, 저를 건강하게 지켜 주소서. 또한 가족에게 공급하는 일을 신실하게 감당할 수 있게 하소서. 단지 물질적인 필요만 공급하는 자가 아니라 가족에게 영적 필요도 공급할 수 있는 영적 지도자가 되게 하소서. 제 눈이 항상 주님을 향하도록 도우소서.

재앙에 대처하다

대저 의인은 일곱 번 넘어질지라도 다시 일어나려니와 악인은 재앙으로 말미암아 엎드러지느니라(잠 24:16).

모든 아빠가 넘어집니다. 하지만 아빠는 다시 일어나고 또 일어나 계속 움직여야 합니다. 가정에 재앙이 닥쳤을 때도 하나님께서 힘을 주시기 때문에 당신은 다시 일어나 가던 길로 돌아갈 수 있습니다. 힘든 때를 만났거나, 가정에 어려움이 닥쳤거나, 지금 막 넘어졌다 할지라도 일어나 털고 다시 힘을 내십시오.

주님, 주님은 제가 얼마나 많이 넘어졌는지 아십니다. 남자로서도 그렇고 아빠로서도 그렇습니다. 하지만 주님과 함께라면 언제든 다시 일어나 움직일 기회가 있습니다. 제가 큰 실패를 경험했든 작은 실패를 경험했든 모두 이겨낼 수 있습니다. 주님과 함께라면 위대한 용서와 자비가 있습니다.

주님, 때로 제가 아이들을 낙담하게 할지라도 제 아이들이 위대한 용서자가 되게 하소서. 저를 도우셔서 아버지로서 걸어가는 이 길을 인도하소서. 그리하여 제가 조심히 걷게 하시고, 제 미래에 저를 걸려 넘어지게 하는 돌이 적게 하소서. 또한 제가 넘어질 때면 다시 일어나 계속 나아갈 수 있도록 격려해 주소서. 주님은 제가 길에 다시 들어서는 순간, 저를 모든 실패에서 구하실 것입니다.

은총

선인은 여호와께 은총을 받으려니와
악을 꾀하는 자는 정죄하심을 받으리라(잠 12:2).

당신이 "선인"이라면 주님의 은총을 기대할 수 있습니다. 은총이 어떻게 임할지는 현재 당신의 필요와 특수한 상황에 달려 있습니다. 많은 사람이 은총을 주시는 하나님을 바라보지 못합니다. 전적으로 그들의 손해입니다. 하나님은 자신의 자녀들에게 분명히 은총을 베푸십니다.

주님 기도합니다, 제가 그리스도께 기초를 둔 "선인"이 되어 주님께 은총을 받기 원합니다. 제 삶의 모든 영역에 은총이 있기를 구합니다. 특별히 아빠로서 제 아이들에게 은총이 있기를 구합니다. 모든 상황 가운데 주님이 저보다 먼저 가서 길을 준비하시며, 제게 유익이 되게 하셨다는 사실을 믿고 날마다 은총 가운데 걸어가게 하소서.

그렇게 한 후에는 제가 아이들에게 은총을 보이게 하소서. 아이들을 부드럽게 대하여 주께서 주님의 자녀들에게 주시는 은총을 제가 드러내게 하소서.

부드러운 회초리

또 우리 육신의 아버지가 우리를 징계하여도 공경하였거든 하물며 모든 영의 아버지께 더욱 복종하며 살려 하지 않겠느냐(히 12:9).

어떤 아빠들은 타고난 성격 때문에 냉정하고 차분해야 할 때 오히려 불같이 화를 냅니다. 그렇게 되면 징계의 효과는 격렬한 분노 때문에 사라져 버립니다. 아빠들은 하나님이 하시는 것처럼 부드러운 회초리로 훈계하는 법을 배워야 합니다. 당신이 어렸을 때 바라던 대로 아이에게 해야 한다는 점을 기억하십시오.

하나님, 어떤 아버지들은 자녀를 징계하면서 그들을 존중하는 마음도 잃어버리고 맙니다. 아마도 사랑이 아닌 분노로 징계하는 것 같습니다. 하지만 그렇게 하면 효과도 없이 상처만 오래 남습니다. 주님께서 저를 더 나은 사람으로 만들기 위해 징계하시는 것처럼, 제가 자녀들을 징계하도록 허락하시는 것도 아이들의 유익을 위해서임을 압니다. 제가 징계의 역할을 확실히 깨닫도록 도와주소서. 자녀들이 순종하지 않을 때 공정한 벌을 가하도록 도우소서. 후회하는 마음을 일으킬 정도로만 체벌하게 하소서. 절대로 지나치거나 아이들에게 쓴뿌리를 남기지 않게 하소서.

자녀들이 제 징계에 순종하기 바라는 만큼 저 역시 주님의 부드러운 회초리를 기꺼이 받게 하소서.

두려움에서 건지시는 분

내가 여호와께 간구하매 내게 응답하시고
내 모든 두려움에서 나를 건지셨도다(시 34:4).

하나님은 당신을 모든 두려움에서 구원하십니다. 아빠의 역할과 관련된 두려움까지도 말입니다. 하지만 그렇게 되기 위해서는 주님을 구해야 합니다. 당신이 구할 때 하나님은 응답하시고 구원하십니다. 이것이 주님의 약속입니다.

주 하나님, 저를 과거, 현재, 미래의 모든 두려움에서 구원해 주셔서 감사합니다. 제가 현재 _____을(를) 두려워하고 있음을 인정하며 주님께서 구원해 주실 것을 신뢰합니다. 저의 가장 깊은 두려움, 특히 제가 가장 소중하게 여기는 아이들에 관한 두려움에 직면할 때, 성령님의 능력으로 담대할 수 있기를 기도합니다. 또한 아이들에게도 담대함을 주실 것을 기도합니다. 아이들이 삶에서 발생하는 모든 두려움의 근원을 이겨낼 수 있기를 소원합니다.

주님, 자녀들의 젊은 시절에 성령님의 임재가 가득하게 하소서. 저를 모든 두려움에서 건지소서. 오늘 저를 강하게 하소서.

아빠의 정체성

너희 보물 있는 곳에는 너희 마음도 있으리라(눅 12:34).

아빠가 된다는 것은 자신의 정체성 목록에 또 하나를 더하는 정도가 아닙니다. 아빠가 되면 당신의 DNA가 변형됩니다. 이것이 당신이 누구인지를 규정합니다. 당신이 아빠로서 하는 모든 일은 하나님이 당신 안에 아빠의 마음을 주셨기 때문에 흘러나오는 것입니다. 좋은 아빠가 되는 것에 비하면 그 어떤 것도 부차적인 것에 불과하다는 사실을 기억하십시오. 당신의 아이들은 이 땅에서 가장 귀한 보배입니다.

하나님, 때로는 우선순위가 뒤죽박죽입니다. 일이나 운동, 혹은 취미 생활에 빠지거나 집에서 빈둥대다가 아이들의 삶에 아버지의 존재가 필요하다는 사실을 잊고 맙니다. 제가 편리할 때가 아니라 아이들에게 필요할 때 그들 옆에 있게 하소서. 제가 계획한 하루의 일정을 제쳐 두고 아이들을 위해 시간을 내야 할 때, 저를 혼잡하게 하는 모든 혼란함 속에서 저를 깨워 주소서. 그리고 주님도 제게 그렇게 하신다는 사실을 기억하도록 도우소서.

하나님 아버지, 주님은 언제나 저를 위해 준비되어 계십니다. 또한 저를 그 무엇보다 귀하게 여기신다는 사실을 보여 주십니다. 저도 자녀들에게 주님과 같이 하게 하소서.

중보자

쉬지 말고 기도하라(살전 5:17).

아빠들은 아이들을 위해 기도합니다. 쉬지 않고 기도합니다. 언제나 아이들을 대신하여 구해야 할 필요와 요구 사항이 있습니다. 하나님은 쉬지 않고 드리는 당신의 기도를 기뻐하시고 기쁘게 응답하십니다.

주님, 주님이 저를 부르셔서 아이들을 위한 중보자가 되게 하셨다는 사실을 알고 있습니다. 날마다 주님 앞에 제 자녀들을 기도로 올려 드립니다. 그들에게 주님의 은총을 내려 주시고, 저에게는 주님의 지혜를 주소서. 쉬지 않고 자녀들을 위해 기도합니다. 온종일 바쁠 때도 제 생각은 아이들을 떠나지 않습니다. 그들이 잘되는 것이 제 끊임없는 기도입니다.

자녀들이 어릴 때도, 청소년일 때도, 마침내 성년이 되어도 저는 계속해서 자녀들의 중보자가 될 것입니다. 주님이 먼저 제 아버지가 되셨기에 제 기도를 들으시고 응답하실 것을 믿습니다. 제가 아빠로서 주님을 신뢰하며 끊임없이 자녀들을 위해 기도하는 것보다 우선되는 의무는 아무것도 없습니다.

구원의 즐거움

주의 구원의 즐거움을 내게 회복시켜 주시고 자원하는 심령을 주사 나를 붙드소서(시 51:12).

하나님과 함께라면 다시 새롭게 시작하기에 늦은 때는 없습니다. 매일 구원의 즐거움이 회복됩니다. 그리스도인에게 구원이란 참으로 엄청난 기쁨의 근거가 됩니다. 당신의 구원이 얼마나 위대한지, 그 구원의 기쁨이 당신이 아버지로서 맡은 의무에 어떠한 영향을 미치고 있는지 깊이 생각하십시오.

    주님, 주님이 제 삶에 함께하신다는 임재 의식을 새롭게 해야 할 때가 있습니다. 오늘도 바로 그런 날입니다. 구원의 즐거움을 회복시켜 주시기를 기도합니다. 제 마음에 믿음의 불꽃이 다시 일어나게 하소서. 주님을 향한, 그리고 제 아이들을 향한 사랑이 더욱 커지게 하소서. 주님이 제게 주신 자녀들에 대한 사랑이 날마다 새로워지고 깊어지기를 기도합니다. 저를 아빠로 붙들어 주시고, 자녀들이 바라는 모습으로 기꺼이 변하려는 마음을 주소서.

하나님의 주권

사람이 마음으로 자기의 길을 계획할지라도 그의 걸음을 인도하시는 이는 여호와시니라(잠 16:9).

하나님은 절대로 놀라지 않으시지만 당신은 종종 놀랍니다. 그런데도 하나님은 당신 안에서 매일 일하십니다. 때문에 하나님의 주권은 아빠인 당신의 든든한 지원군입니다. 아무것도 하나님을 놀라게 할 수 없고, 어떤 일도 당신을 흔들 수 없습니다. 언제나, 어떤 상황에서나 하나님께서 다스리십니다.

주님, 때로 주님의 계획은 저를 깜짝 놀라게 합니다. 예상했던 일에 갑자기 다른 일이 생겨 저를 혼란하게 합니다. 주님이 모든 것을 통치하시며 주님의 거룩한 계획에 따라 모든 일을 행하신다는 사실을 압니다. 하지만 가족에게 예기치 못한 변화가 생기면 저는 이렇게 묻습니다. "주님, 어찌하여 이런 일이 일어나게 하십니까?" 저를 당황케 하는 일에 대한 응답은 언제나 "기다려라." "지켜보아라." 그리고 "신뢰해라." 입니다.

주님의 주권을 신뢰합니다. 때문에 저는 주님이 저와 제 자녀들에게 합력하여 선을 이루게 하실 것을 믿습니다. 비록 제 계획이 망하는 것처럼 보일 때도 그렇습니다. 주님께 제 삶의 모든 책임을 드립니다. 아주 작은 것까지도 그렇게 하겠습니다.

아빠가 있는 곳

지존자의 은밀한 곳에 거주하며 전능자의 그늘 아래에 사는 자여, 나는 여호와를 향하여 말하기를 그는 나의 피난처요 나의 요새요 내가 의뢰하는 하나님이라 하리니 (시 91:1-2).

좋은 아빠는 집이 무엇인지 정의를 내리는 데 도움을 줄 수 있습니다. 강한 아버지는 자녀를 보호하기 때문에 자녀에게 안정감을 줍니다. 하지만 자녀들에게 피난처와 요새가 되어 주기 위해서 반드시 슈퍼맨이 되어야 하는 것은 아닙니다. 아버지로서 함께 있어 주며 자녀들을 사랑하기만 하면 됩니다.

하나님 아버지, 저를 아빠로 부르셨고, 그 안에서 주님을 닮아 가도록 부르셨습니다. 저는 이 땅에서 그들을 지키는 자입니다. 아이들의 피난처와 요새입니다. 집은 이 세상의 폭풍우를 피할 수 있는 피난처입니다. 제가 가족을 지키는 강력한 보호자가 되도록 준비시켜 주소서. 때로는 제게 없는 힘을 주실 것을 기도합니다. 주님께는 그 힘이 있기 때문입니다. 또한 우리 집을 위해 기도합니다. 우리 자녀들이 집은 안전한 곳이며 피난처임을 알게 하소서. 주님이 그러하시듯 말입니다. 오 주님, 주님이 제 피난처이시며 요새이십니다.

아버지 연습

너희는 내게 배우고 받고 듣고 본 바를 행하라. 그리하면 평강의 하나님이 너희와 함께 계시리라(빌 4:9).

삶의 다른 일들처럼 아버지가 되는 일도 하다 보면 잘하게 됩니다. 이 사실은 전혀 놀라운 것이 아닙니다. 지금의 당신은 1년 전보다 더 좋은 아버지입니다. 1년 후에는 지금보다 더 좋은 아버지가 될 것입니다. 날마다 아버지 됨을 연습하십시오. 그러면 평강의 하나님께서 당신을 돌보실 것입니다.

주님, 저는 아빠로서 제가 양육받은 방식에서 많은 것을 배웠습니다. 또한 다른 아빠들의 모습과 하나님의 말씀에서 많이 배웁니다. 아빠가 되는 것은 정말로 끊임없는 노력과 훈련이라는 것을 깨닫습니다. 그렇기 때문에 저는 살아가면서 계속 배웁니다. 주님께서 제가 훌륭한 아빠가 되는 법을 배울 수 있도록 특별한 상황을 계속 계획해 주시기를 기도합니다. 날마다 저는 그것을 행하겠습니다. 그리고 주님의 평강이 저와 함께, 그리고 우리 집에 넘쳐나기를 기도하겠습니다.

교회 사랑

서로 돌아보아 사랑과 선행을 격려하며 모이기를 폐하는 어떤 사람들의 습관과 같이 하지 말고 오직 권하여 그날이 가까움을 볼수록 더욱 그리하자. 우리가 진리를 아는 지식을 받은 후 짐짓 죄를 범한즉 다시 속죄하는 제사가 없고 (히 10:24-26).

좋은 교회는 건강한 그리스도인 가정의 필수적인 요소입니다. 건강한 그리스도인 가정은 교회에서 배우며 성장할 뿐 아니라 함께 하나님을 예배하는 일을 즐기며, 가치관을 공유하는 다른 가족들과 유대 관계를 형성하게 됩니다. 정기적으로 교회를 위해 기도하십시오. 아이들이 교회 식구에 대한 사랑을 품을 수 있도록 도와주십시오.

주님, 주님은 그리스도의 신부인 교회를 사랑하십니다. 저를 도우셔서 같은 열정으로 교회를 사랑하게 하소서. 그리고 그 열정을 제 아이들에게 전하게 하소서. 제 아이들이 교회를 따분하거나 무의미한 곳으로 생각하지 않기를 원합니다. 아이들이 다른 성도들과 교제를 나누며 의미를 찾기 원합니다. 저 역시 그러하기를 원합니다. 교회 안에서 선한 교제를 누리게 하시니 감사합니다. 우리 가족을 도우셔서 정기적으로 함께 모여 예배하는 다른 이들을 사랑하고 그들과 함께하게 하소서.

다정한 아빠

형제를 사랑하여 서로 우애하고 존경하기를 서로 먼저 하며(롬 12:10).

애정 없는 사랑은 손이 없는 장갑과 같습니다. 자녀들이 원하는 방식으로 애정을 보이십시오. 모든 아이가 애정을 동일하게 받아들이는 것은 아닙니다. 당신의 자녀가 당신의 애정 방식을 결정하게 하십시오. 게리 채프먼과 로스 캠벨이 쓴 베스트셀러 「자녀의 5가지 사랑의 언어」를 읽고 자녀들이 바라는 '사랑의 언어'를 찾아내십시오.

주님, 어떤 아빠들은 아이들에게 애정을 드러내기 힘들어합니다. 하지만 모든 아이는 아버지가 보여 주는 애정을 몹시 필요로 합니다. 저 역시 어린 시절에 그랬습니다. 그리고 이제 아빠가 되니 자녀들에게 다정한 아버지가 되고 싶습니다. 애정을 드러내는 것은 아이들에게 제 사랑이 안전하다는 것을 일깨워 주는 것입니다. 아이들은 아빠로부터 안전을 열망하기 때문입니다.

주님, 너무 바빠서 제 아이들에게 애정을 보여야 한다는 사실을 잊지 않게 하소서. 그리고 주님이 제게 품으신 애정을 절대로 잊지 않게 하소서.

온전하신 아버지

그러므로 하늘에 계신 너희 아버지의 온전하심과 같이
너희도 온전하라(마 5:48).

온전한 아빠가 된다는 것은 숭고한 목표입니다. 당신은 이미 그리스도를 통해 하나님과의 관계 속에서 '온전한' 모습이 되었습니다. 모든 죄에서 의로워졌습니다. 완전히 용서받았습니다. 하지만 하나님 앞에 온전하게 섰다고 해서 당신의 자녀들에게도 온전한 아빠로 서게 되는 것은 아닙니다. 하지만 그렇게 되는 것이 목표가 되어야 합니다. 하나님이 당신에게 주신 능력과 재능 안에서 온전한 아빠가 되기를 원해야 하고, 그렇게 될 수 있습니다.

주님의 말씀을 볼 때면 마치 거울을 보는 것처럼 주님이 제게 원하시는 아빠의 모습을 보게 됩니다. 제 아이들은 절대로 저를 온전하다고 여기지 않을 것입니다. 저 역시 그랬습니다. 다만 주님께서 제게 주신 아빠의 재능을 최대한 사용한다는 사실을 아이들이 알아주기를 바랍니다. 마음을 열어 주님께서 아빠인 제 삶을 빚으시게 하면 제가 그와 같이 훌륭한 아빠가 될 수 있다고 믿습니다. 하지만 저 스스로는 도저히 그 목표를 이룰 수 없습니다. 주님, 저를 도우셔서 가까운 목표를 향해 나아가게 하소서. 제가 온전한 아빠로 조금 더 가까이 나아가도록 도우소서.

담대한 기도

우리가 그 안에서 그를 믿음으로 말미암아 담대함과 확신을 가지고 하나님께 나아감을 얻느니라(엡 3:12).

아빠들은 자녀를 위해 담대하게 기도할 때 절대로 부끄러워할 필요가 없습니다. 기도가 담대하면 담대할수록 하나님은 그 기도를 사랑하십니다. 담대함은 당신이 하나님께서 응답하실 것을 믿는다는 의미입니다.

하나님 아버지, 자녀들을 위해 기도할 때 담대함과 자신감을 가져야 한다는 것을 압니다. 주님께서 제게 자녀를 주셨고 아버지의 역할을 정하셨습니다. 그래서 저는 그 어린 생명에 주님의 은총이 있기를 담대히 기도합니다. 아이들 마음에 주님을 향한 갈망을 일으키소서. 자녀들을 위험과 위험한 사람들로부터 지켜 주소서. 우리가 자주 시달리게 만드는 죄에 대해 거룩한 증오심을 품게 하소서. 주님, 아이들을 단지 주님의 나라뿐 아니라 주님을 섬기는 일에도 불러 주소서. 이 땅에서 오직 우리 아이들만을 위해 계획된 사명을 주소서.

아버지, 제 담대한 기도를 들어 주셔서 감사합니다.

악한 자의 공격

주는 미쁘사 너희를 굳건하게 하시고 악한 자에게서 지키시리라(살후 3:3).

그리스도인 가정은 악한 자의 공격을 받습니다. 특별히 아빠가 그렇습니다. 아빠인 당신은 하나님이 보호해 주시고 지켜 주실 것을 구해야 합니다. 그에 대한 확신은 그리스도인의 삶에 나타나는 모든 영역과 마찬가지로 믿음에서 비롯됩니다. 하나님이 당신을 보호하신다는 믿음을 가지십시오. 오직 하나님만을 신뢰하십시오.

하나님 아버지, 저는 원수가 전력을 다해 제 가족을 공격한다는 사실을 압니다. 그들은 특히 제 아이들을 공격합니다. 우리 가족을 세워 주시고, 악한 자가 어떤 모략을 꾸미더라도 그들로부터 보호해 주시겠다고 약속해 주셔서 감사합니다. 우리가 악한 자의 공격에 맞서도록 준비시켜 주시고 승리하게 하심을 감사합니다. 아버지께서 우리 가정을 계속 보호해 주실 것을 기도합니다. 우리 가족의 안전과 행복을 위협하는 예기치 않은 공격으로부터 지켜 주소서. 우리를 위험으로부터 지켜 주소서. 우리의 몸과 영을 강건하게 하소서. 신실하신 주님께 감사합니다!

주께 맡기라

너희 염려를 다 주께 맡기라. 이는 그가 너희를 돌보심이라(벧전 5:7).

염려는 불시에 모든 사람을 엄습합니다. 아빠는 자녀, 결혼생활, 직장, 재정, 건강 등 수없이 많은 것을 염려합니다. 하지만 하나님은 "너희 염려를 다 주께 맡기라"고 말씀하십니다. 왜 그렇습니까? 하나님이 당신을 돌보시기 때문입니다. 지금 이 순간 당신의 모든 염려와 걱정거리를 주님께 맡기십시오. 주님이 당신을 돌보시기 때문에 그 모든 것을 스스로 담당하신다는 사실을 깨달으십시오.

평강의 하나님, 아빠가 되니 염려가 생겨납니다. 하지만 하나님은 저를 돌보시고 제 염려를 아십니다. 제가 무능하다고 느꼈던 순간을 아시고 자신감으로 충만했던 순간도 아십니다.

모든 염려를 주님께 맡깁니다. 주님만의 완전한 방식으로 제 두려움의 근원을 해결하실 것을 굳게 믿습니다. 제 염려가 자녀들에게 어떠한 영향도 미치지 않게 하소서.

주님의 평강

평강의 주께서 친히 때마다 일마다 너희에게 평강을 주시고 주께서 너희 모든 사람과 함께하시기를 원하노라(살후 3:16).

당신의 가정이 평범하다면 평화로울 때도 있고 한바탕 회오리가 휘몰아칠 때도 있을 것입니다. 그러나 하나님은 당신에게 평강의 주가 되십니다. 모든 생명과 모든 가정에 평강을 주십니다. 그래서 하나님의 평강이 그 가정에 머물게 하십니다. 당신의 가정도 이 평강의 주님을 받아들이기 바랍니다. 그리하여 주님께서 당신에게 때마다 일마다 평강을 베푸시기 원합니다.

하나님, 하나님은 평강의 주가 되십니다. 그래서 친히 때마다 일마다 평강을 주십니다. 주님의 평강이 아빠인 저를 이끌게 하소서. 아이들이 주님께서 제게 주신 평강을 보며, 그 평강이 당연한 것이 아니라 주님으로부터 초자연적으로 임하는 것임을 알게 하소서.

주님의 평강이 제 가정과 마음에 넘치게 하소서.

좋은 것 주시는 분

너희가 악한 자라도 좋은 것으로 자식에게 줄 줄 알거든 하물며 하늘에 계신 너희 아버지께서 구하는 자에게 좋은 것으로 주시지 않겠느냐(마 7:11).

하나님은 자기 자녀들에게 좋은 것을 주십니다. 그렇다면 언제 좋은 것을 주실까요? 바로 당신이 구할 때입니다. 좋은 것을 주시는 분이 되어 달라고 간절히 구할 때, 하나님은 당신에게 좋은 것을 주고 싶어 하십니다. 하나님께서 이미 당신에게 좋은 것을 주셨다면, 찬양과 감사를 올려 드리십시오.

주님, 제가 주님을 저의 공급자로 보는 것처럼 제 아이들은 저를 공급자로 여깁니다. 저를 도우셔서 이 역할을 감당할 때 너그러우면서도 지혜로운 공급자가 되게 하소서. 저를 도우셔서 자녀들이 원하는 것을 넘어 그들에게 필요한 것을 베풀 수 있게 하소서.

하나님, 저를 관대하게 대해 주셔서 감사합니다. 저는 주님께서 날마다 제게 주시는 좋은 것들을 봅니다. 그리고 그 모든 것으로 인해 하나님께 감사합니다. 제가 구할 때 베풀어 주셔서 감사합니다. 제게 완벽한 아빠가 되어 주셔서 감사합니다.

아빠의 짐 이겨 내기

그러므로 예수께서 그들에게 이르시되 내가 진실로 진실로 너희에게 이르노니 아들이 아버지께서 하시는 일을 보지 않고는 아무것도 스스로 할 수 없나니 아버지께서 행하시는 그것을 아들도 그와 같이 행하느니라(요 5:19).

예수님은 모든 일을 할 수 있지만 그렇게 하시지 않았습니다. 다만 하나님 아버지께서 행하신 대로 하셨습니다. 그리고 하나님의 인도하심이 아니면 "아니"라고 하셨습니다. 많은 아버지가 자신의 것이 아닌 짐을 지고 살아갑니다. 당신도 그렇다면 기도하면서 지혜롭게 거절하는 방법을 구하십시오. 또한 당신이 감당해야 할 것이 아닌 일들은 지혜롭게 위임하는 방법을 구하십시오. 그렇게 하면 당신은 많은 스트레스를 덜게 될 것이고 당신이 담당한 아버지 역할에도 좋은 영향이 있을 것입니다.

주님, 때로 저는 몹시 많은 짐을 집니다. 그러다가 탈진해 버리면 가족에게 화풀이합니다. 또 가족을 위해 전혀 시간을 내지 않거나 걸핏하면 신경질을 부립니다. 주님, 저를 도우소서. 한 걸음 물러나서 제 우선순위를 다시 생각하고 재정립하게 하소서. 무언가를 진행해야 한다면 결정을 내리고 끝까지 추진하도록 도우소서. 완전히 탈진한 것 같을 때도 새롭게 성령을 느끼게 하소서. 주님께서 저에게 행하라 하신 일들을 제 삶에서 행할 수 있도록 도우소서. 어쩔 수 없이 하는 자가 되지 않게 하소서.

바른 정신을 지닌 아버지

술 취하지 말라. 이는 방탕한 것이니 오직 성령으로 충만함을 받으라(엡 5:18).

아빠들 사이에 중독 증세가 급속히 퍼져 나가고 있습니다. 그중에는 마약이나 알코올에 중독된 아빠들도 있습니다. 지금은 그 어느 때보다 바르고 올곧은 생각을 지닌 아버지들이 다음 세대를 길러 내야 하는 시대입니다. 단지 마약과 알코올에서 깨끗할 뿐 아니라 가정을 망치는 모든 종류의 중독에서 깨끗해야 합니다. 당신이 어떠한 사람인지 찬찬히 살펴보십시오. 필요하다면 도움을 구하십시오. 하나님의 영으로 충만함을 받으십시오.

하나님, 주께서 저를 바른 정신으로 지켜 주시기를 기도합니다. 아이들이 알코올이나 다른 중독에 눌려 있는 제 모습을 보지 못하게 하소서. 오직 성령님의 영향력 아래에 있는 모습만 보게 하소서. 모든 아이가 그렇듯이 제 아이들도 아빠가 보이는 중독 증세를 그대로 따를까 두렵습니다. 자녀들과 저를 위해서, 제가 오직 성령님으로 충만한 바른 정신으로 살아가기를 기도합니다.

또한 아이들을 위해 기도합니다. 오늘날에는 아이들도 다양한 유혹에 노출되어 있습니다. 주의 영으로 아이들을 만족시키소서.

주님, 제 안의 성령님을 찬양합니다. 주님만이 갈급한 제 영혼을 만족케 하십니다.

보이지 않는 손

너는 마음을 다하여 여호와를 신뢰하고 네 명철을 의지하지 말라(잠 3:5).

아빠들이 아이들의 모든 것을 알 수는 없습니다. 사실상 부모는 자녀의 내면에서 일어나는 수많은 일을 거의 볼 수 없습니다. 때문에 자녀에 대해 자신들이 아는 것에 의지하지 않고 전심으로 하나님께 그들을 의탁해야 합니다.

하나님, 솔직히 때로는 아빠로서 어떤 결정을 내려야 바른 것인지 전혀 모르겠습니다. 제가 틀린 것 같을 때도 있습니다. 그럴 때 저를 도우셔서 제 자녀와 모든 일이 제대로 돌아가게 해 주시기를 기도합니다. 제가 아버지로서 앞으로 나아갈 때 불완전한 제 생각을 의지하지 않게 하시고 오직 주님과 주님의 지혜만 의지하기를 기도합니다. 주님께서 제 자녀들의 삶 가운데 쉬지 않고 일하시기를 기도합니다. 주님의 보이지 않는 손이 제가 도저히 할 수 없는 방식으로 그들의 내면을 조각해 주시기를 기도합니다.

주님. 주님께 제 아이들을 맡겨 드립니다. 아이들의 마음속에서 주님만이 하실 수 있는 일을 행하여 주소서.

선한 목자

그는 목자같이 양떼를 먹이시며 어린 양을 그 팔로 모아 품에 안으시며 젖먹이는 암컷들을 온순히 인도하시리로다(사 40:11).

목자에게 첫 번째 우선순위는 바로 양떼입니다. 목자는 자기 양떼가 좋은 초지에 있는지를 확인해야 합니다. 그리고 물은 있는지, 잘 보호받고 있는지도 확인해야 합니다. 주님은 당신의 선한 목자이십니다. 그리고 당신 역시 자녀들을 맡은 목자입니다.

선한 목자이신 주님, 이토록 정성스럽고 지극하게 저를 돌봐 주시니 감사합니다. 주님은 저를 보살피시고, 제 마음대로 길을 떠나가지 못하도록 지켜 주십니다. 저를 가슴팍에 안고 옮기시며 저를 부드럽게 인도하셔서 저 또한 제 아이들을 돌보게 하십니다. 주님께서 제게 자녀를 주시지 않았다면 저는 아버지가 될 수 없었습니다. 이제 아버지가 되어 주님을 온전히 의지하오니 저를 인도하셔서 선한 아빠가 되게 하소서. 주님이 제게 주신 어린 양들에게 선한 목자가 되게 하소서. 제게 주신 자녀 한 명 한 명으로 인해 감사합니다. 모든 면에서 아이들에게 필요한 아빠가 되게 하소서.

편애하지 않기

하나님께서 외모로 사람을 취하지 아니하심이라(롬 2:11).

아이들은 아빠가 자녀 중 한 명만 편애하는 것을 느낄 수 있습니다. 자녀 중 유독 더 가깝고 유대감이 느껴지는 자녀가 있을 수 있습니다. 그렇다고 모든 자녀를 사랑하지 말라는 것은 아닙니다. 다만 행동으로 나타내서는 절대로 안 됩니다. 자녀에게 느끼는 감정이 다르다 해도 반드시 비밀로 간직해야 합니다. 당신은 적극적인 사랑을 통해 자녀 하나하나가 다른 형제자매와 똑같이 보살핌받고 있다고 확신하게 만들어야 합니다.

하나님, 하나님께서 모든 자녀를 측량할 수 없을 정도로 사랑하신다는 사실을 기억합니다. 제가 아이들을 똑같이 사랑할 수 있도록 도우시고, 자녀들이 제가 누구 하나만 편애하지 않는다는 사실을 알게 하소서. 하나님께서는 제게 모든 자녀를 100퍼센트 사랑할 수 있는 능력을 주셨습니다. 누구 하나가 사랑을 덜 받는다고 느낀다면 부디 제가 그 문제를 알아차리고 해결하게 하소서. 문제가 제 안에 있다면, 혹여 제가 편애를 하고 있다면, 제가 상처 준 자녀와 바르게 해결하도록 도우소서.

주님, 주님의 자녀 중 누구만 편애하지 않으시고 저를 100퍼센트로 사랑해 주셔서 감사합니다.

자녀를 향한 긍휼

아버지가 자식을 긍휼히 여김같이 여호와께서는 자기를 경외하는 자를 긍휼히 여기시나니(시 103:13).

아빠는 자녀를 측은하게 여기는 것이 당연합니다. 그렇게 함으로써 아빠는 자녀에게 하나님의 태도를 보여 줍니다. 오늘 당신의 긍휼이 필요한 자녀가 있다면 미루지 마십시오. 아낌없이 당신의 긍휼을 베푸십시오.

하나님, 주님은 제게 자녀들을 향한 긍휼이 어떤 것인지 본을 보이셨습니다. 저는 복을 받은 사람입니다. 저는 주님이 베푸신 선물을 받을 자격이 없는 자이지만 주님은 제게 가족까지 주셨습니다. 지금 제가 누리는 모든 것은 주님이 제게 긍휼을 베푸셨기 때문입니다. 만약 제가 마음대로 하도록 내버려 두셨다면 저는 지금과 완전히 다른 모습일 것입니다.

하나님, 이제는 제가 아이들에게 아버지의 긍휼을 보이게 하소서. 진정한 아버지의 마음에서 샘솟는 긍휼을 주소서. 하나님께서 아버지의 마음으로 저를 긍휼히 여기셨던 것처럼 말입니다.

선한 사람의 유산

선한 사람의 유산은 자손 대대로 이어지지만, 죄인의 재산은 의인에게 주려고 쌓은 것이다(잠 13:22, 새번역).

유산은 반드시 돈에 관련된 것만이 아닙니다. 당신도 지금부터 자녀들에게 남기고 싶은 가치와 특성들을 쌓아 나갈 수 있습니다. 당신이 자녀들에게 선함, 믿음, 사랑을 남긴다면 돈을 남기는 것보다 훨씬 더 오래갈 것입니다. 역사는 엄청난 유산을 받은 젊은이들이 결국 그 돈 때문에 인생을 망쳐 버린 기록으로 넘쳐 납니다.

하나님, 저는 선한 사람, 좋은 아빠가 되고 싶습니다. 그리고 제가 자녀들에게 무엇을 유산으로 남길지 생각할 때 가장 먼저 믿음의 유산이 떠오릅니다. 하나님을 사랑하고 섬겼던 한 사람의 유산을 다음 세대에 남길 수만 있다면, 이 땅의 그 어떤 유산보다 더욱 소중할 것입니다.

제가 아빠로 살아가면서 신앙이 자랄수록 자녀들에게 남긴 이 유산의 이익이 더해지기를 기도합니다. 언젠가 저는 제 자녀들을 떠납니다. 주님, 그 이자를 복리로 해 주소서. 제가 자녀들을 떠나기 전에 이 신앙의 부가 몇 배로 커지게 하소서.

그리스도를 통해 제가 남길 유산이 있게 하신 하나님을 찬양합니다. 나의 주님, 감사합니다.

자연, 하나님의 학교

주의 존귀하고 영광스러운 위엄과 주의 기이한 일들을 나는 작은 소리로 읊조리리이다(시 145:5).

자연은 매우 훌륭한 교사입니다. 지혜로운 아빠는 숲속에서 하룻밤 야영을 하며 자녀와 즐거운 시간을 보내고 소중한 가르침을 전할 수 있습니다. 심지어 별이 빛나는 밤에 뒷마당을 잠깐 걷는 것만으로도 하나님의 놀라우심을 선포할 수 있습니다. 자녀들에게 자연 속에서 하나님의 작품을 찾아보도록 가르치십시오.

하나님 아버지, 자연을 주셔서 감사합니다. 매일 아침 저는 밖을 내다보며 주님의 위대하심을 소리 높여 외치는 창조세계의 작품들을 바라봅니다. 주님이 지으신 이 놀라운 작품들은 하나님의 장엄하심을 선포합니다. 하나님 한 분만이 찬양받기에 합당하십니다.

아이들에게 하나님의 창조세계를 가르칠 때 자연에서 발견할 수 있는 삶의 교훈들을 깨달을 수 있는 통찰력을 주소서. 시간을 내서 열심히 관찰한다면 자연은 매일 그러한 교훈을 베풀 것입니다. 오늘 자연에서 주님을 새롭게 드러내셔서 자녀들과 나눌 수 있게 하소서.

오늘도 주위에 보이는 모든 것으로 인해 주님께 영광을 돌립니다. 모든 것이 완전한 경이입니다!

큰 소리로 부르짖다

내가 내 음성으로 하나님께 부르짖으리니 내 음성으로 하나님께 부르짖으면 내게 귀를 기울이시리로다(시 77:1).

많은 사람이 시간 때문에 어쩔 수 없이 혼자 조용하게 기도하거나 생각으로 기도하는 것에서 그칠 때가 있습니다. 그래도 괜찮습니다. 하지만 평소에 내던 목소리로 소리를 내서 기도하면 왠지 그 기도가 조금 더 실제적으로 다가오는 것 같습니다. 오늘부터 시간을 내서 자녀들을 위해 소리 내어 기도하십시오. 점심시간에 잠시 차에 앉아서 기도드릴 수도 있습니다. 하나님은 조용한 기도나 소리 내서 하는 기도 모두 들으십니다.

오 주님, 주님은 제 모든 기도를 들으십니다! 주님은 제가 의심할 때조차 거기 계십니다. 주님은 언제나 제게 가장 좋은 방식으로 나타나십니다. 오늘은 제 목소리로 기도하겠습니다. 제게 힘 주시고, 저를 붙들어 주시고, 저를 인도해 주시고, 훌륭한 아빠가 되도록 능력 주실 것을 간절히 구하겠습니다. 훌륭한 아빠가 되기 위해서 먼저 하나님 아버지와 같은 열정으로 뛰는 심장을 소유해야 합니다. 그 심장을 제게 주소서. 주님이 주신 자녀들에게 순수한 아버지의 사랑을 품게 하소서. 오늘 이것을 위해 소리 내어 크게 기도하겠습니다. 주님, 제게 그 사랑을 주소서.

공급의 근원이신 하나님

나의 하나님이 그리스도 예수 안에서 영광 가운데 그 풍성한 대로 너희 모든 쓸 것을 채우시리라(빌 4:19)

직장을 잃게 된 아빠가 있다고 생각해 보십시오. 만약 그가 하나님을 모든 공급의 근원으로 삼지 않는다면 영적으로 침체될 것입니다. 하지만 하나님은 영광 가운데 풍성한 대로 모든 쓸 것을 채우십니다. 당신을 고용한 사람의 은행 계좌가 당신을 채우는 것이 아닙니다. 직장에서 어떤 일이 일어나도 하나님이 오늘, 그리고 항상 당신의 공급자가 되신다는 것을 신뢰하십시오.

하나님, 저는 고된 노동의 대가로 받는 월급이 제 필요를 공급한다고 생각했습니다. 하지만 주님만이 모든 '풍성함'을 공급하시는 분입니다. 주님이 제 수입의 근원이시며 제 가족의 필요를 공급하십니다. 주님이 우리의 모든 필요를 채우실 것을 믿습니다.

주님, 주님이 제게 베푸신 모든 것을 잘 관리하는 청지기가 되도록 도우소서. 또한 다른 이들의 필요에 민감하게 하셔서 주님께서 그들의 필요를 공급하시는 통로가 되게 하소서.

주님, 지난날 베풀어 주신 모든 공급에 감사드립니다. 또한 지금 베푸시는 모든 공급에 영광을 돌리며 미래의 모든 필요 또한 공급해 주실 것을 바라봅니다.

선을 본받다

사랑하는 자여 악한 것을 본받지 말고 선한 것을 본받으라(요삼 1:11).

아이들은 탁월한 모방자들입니다. 아이들은 아빠의 발자취를 그대로 따라 걸으려 합니다. 때로는 아빠 신발도 신어 봅니다. 이처럼 그리스도인들은 하늘에 계신 아버지를 본받기 원합니다. 당신은 선을 본받기 원하고 아이들이 그런 당신을 또 본받기 원합니다. 선행을 매일의 목적으로 삼으십시오.

주님, 감사합니다. 주님은 저를 그냥 아빠가 되도록 부르신 것이 아니라 선한 아빠가 되라고 부르셨습니다. 제 발이 악에서 떠나도록 지켜 주십시오. 제 눈 역시 악에서 떠나도록 지켜 주십시오. 제가 악한 영화를 보면서 시간을 보내거나 "선한 것"에서 눈을 돌리게 하는 인터넷 사진이나 잡지를 우연히 보게 되면 성령님께서 제 양심을 찔러 주소서.

하나님, 제가 선한 것을 본받을 때 결국 주님을 본받는 것임을 압니다. 주님은 언제나 선하시기 때문입니다. 제 아이들이 선한 어른으로 성장하기를 원합니다. 우리 가족 모두 항상 선한 것을 본받게 하시고 주님이 주신 풍성한 삶을 앗아가는 악한 것들을 피해야 한다는 사실을 일깨워 주소서.

은밀한 죄

주께서 우리의 죄악을 주의 앞에 놓으시며 우리의 은밀한 죄를 주의 얼굴 빛 가운데에 두셨사오니(시 90:8).

비밀을 품은 사람, 특별히 은밀한 죄를 품고 있는 사람은 살얼음판을 걷는 사람과 같습니다. 방심하는 순간, 얼음은 깨지고 차가운 어둠 속에 빠지고 말 것입니다. 아빠들이여, 당신의 양심을 좀먹는 비밀을 간직하지 마십시오. 당신의 모든 생각과 행동이 여러 사람에게 드러나더라도 아무 거리낌 없이 살아가십시오.

오 하나님, 제 은밀한 죄가 다른 이들에게 알려진다면 저는 제대로 설 수 없을 것입니다. 주님은 그 은밀한 죄를 모두 아십니다. 겉으로 보이지 않게 오직 상상만으로 즐기는 것조차 다 아십니다. 제가 행동으로 옮긴 것들도 다 아십니다.

하나님 아버지, 그 죄들을 주님 앞에 내려놓습니다. 저를 깨끗하게 하시고 용서해 주실 것을 간절히 구합니다. 주님과 제 가족을 향해 순결한 마음을 품도록 기도합니다. 그리스도 안에서 온전한 용서를 누리게 하심에 감사합니다. 저도 그 용서를 실천하게 도우시고 제 은밀한 죄에서 구원하소서. 주님, 이 모든 것을 주님께 맡겨 드립니다. 육체의 유혹을 이기고 승리 가운데 살아갈 수 있는 능력을 주소서.

가장 중요한 책무

너의 행사를 여호와께 맡기라.
그리하면 네가 경영하는 것이 이루어지리라(잠 16:3).

많은 사람이 자신의 일이 아닌 것에 사로잡혀 바쁘게 살아갑니다. 그것이 좋은 일일 수 있습니다. 하지만 "최고의 적은 선이다."라는 말을 생각해 보십시오. 당신이 맡은 가장 중요한 책무는 무엇입니까? 오늘, 그리고 날마다 마음 중심에 이 질문을 두십시오. 당신이 맡은 가장 중요한 일은 바로 아버지가 되는 것입니다. 이 일을 주님께 맡기십시오.

주님, 이 땅에서 저의 가장 중요한 책무는 무엇입니까? 제가 가진 직업이 그것일 수 없습니다. 저는 그 사실을 압니다. 제가 맡은 가장 중요한 일은 자녀들의 삶에 진리를 심는 것입니다. 이는 자녀들이 성공적인 삶을 누리는 데 필요한 기초를 제공하는 것입니다. 저에게 진정으로 중요한 일은 자녀들을 사랑하여 저들이 아무 의심 없이 진리를 알게 하는 것입니다.

아버지, 아이들을 양육하는 일이 가장 중요한 일임을 확실히 깨닫게 하소서. 제가 맡은 이 일을 하나님께 맡깁니다. 좋은 아빠가 되도록 제 삶을 세워 주소서. 제가 아이들을 진리로 인도할 때 제 아이들을 축복하소서.

아버지의 여정

범사에 기한이 있고 천하 만사가 다 때가 있나니(전 3:1).

오늘 당신이 아버지가 되어 가는 여정 중 어디에 있든지, 이 시간은 빠르게 지나갈 것이고 곧 자녀와 또 다른 국면으로 들어서게 될 것입니다. 그것이 정상이고 옳은 일입니다. 그러니 아빠들이여, 지금을 소중히 여기십시오. 오늘과 올해는 하나님이 주신 선물입니다. 언젠가 빠르게 시간이 흘러 버린 후에 당신은 오늘의 당신을 아쉬운 눈으로 돌아보게 될 것입니다. 지금을 즐기십시오. 다음 단계를 지나치게 바라지 마십시오. 곧 그때가 옵니다.

하나님 아버지, 하나님은 현재 제가 아빠로서 어디쯤 있는지 아십니다. 주님은 제가 지나온, 그리고 앞으로 겪게 될 각 단계를 아십니다. 제가 지금 처한 이 단계에서 아이들이 곧 자라고 이 단계도 곧 지나갈 것을 알게 하시어 좋은 아빠가 되게 하소서. 제가 각 단계의 차이를 잘 구별하고 그에 맞게 행동하게 하소서. 작년에 효과가 있었던 것이 지금은 효과가 없을 수도 있다는 사실을 알게 하소서. 제 자녀들이 지금 어디에 있는지를 온전히 보게 하시고 현재 어떤 필요가 있는지도 알게 하소서.

주님, 저를 깨워 주소서. 새로운 단계들이 계속해서 다가옵니다. 변화가 필요하다면 감당할 수 있도록 준비시켜 주소서.

진리 안에서 행하다

내가 내 자녀들이 진리 안에서 행한다 함을 듣는 것보다
더 기쁜 일이 없도다(요삼 1:4).

요한 사도는 자신의 "자녀들"이 진리 안에서 행한다 함을 듣는 것보다 더 기쁜 일이 없다고 했습니다. 그리스도인 아빠들의 목적도 이것이 되어야 합니다. 아이들이 진리를 붙잡고 그 안에서 행하는 것을 보는 것보다 더 기쁜 일은 없습니다.

하나님 아버지, 주님의 말씀은 진리입니다. 진리 안에서 행한다는 것은 주님의 말씀에 맞춰 행한다는 것입니다. 저 자신이 근면하게 진리 안에 행할 뿐 아니라 제 자녀들에게 진리 안에서 행하도록 가르칠 수 있기를 기도합니다. 오리가 물을 자연스럽게 여기는 것처럼 자녀들이 말씀을 자연스럽게 여기기를 기도합니다. 저를 도우셔서 주님의 말씀을 알고 매일의 삶에서 그 말씀을 실천하는 것이 실제로 얼마나 중요한 일인지를 자녀들에게 보여 주게 하소서.

주님, 아버지인 저와 자녀들 모두 주님의 말씀에 순종하게 하시고 그 진정한 기쁨으로 인도하소서.

친절

서로 친절하게 하며 불쌍히 여기며 서로 용서하기를 하나님이 그리스도 안에서 너희를 용서하심과 같이 하라(엡 4:32).

자녀가 죄를 고백했고 그 문제가 다 해결됐으면 최대한 빨리 잊는 법을 배우십시오. 과거에 지었던 죄나 미숙해서 저지른 실수를 다시 기억하지 마십시오. 하나님은 당신에게 그렇게 하지 않으셨습니다. 하나님이 그렇게 하실 때 기쁘지 않습니까?

주님, 주님은 제게 정말 친절하십니다. 제게 부드러운 마음을 품으시고 관대하게 대하십니다. 제가 저지른 많은 죄를 용서하시고, 저를 주님의 자녀로 기뻐하셨습니다.

제 아이들이 지금부터 오랜 세월이 지나 저를 기억할 때, 친절하고 온화하고 용서 잘하는 아빠로 기억해 주었으면 합니다. 주님은 거의 매일 제가 이러한 성품을 드러낼 수 있도록 상황을 만드시는 것 같습니다. 주님께서 모든 난감한 상황을 계획하셔서 제가 어떤 존재인지를 드러내셨습니다. 이것을 기억하게 하소서. 오늘 하루, 온화함만이 드러나게 하소서.

희생

그가 우리를 위하여 목숨을 버리셨으니 우리가 이로써 사랑을 알고 우리도 형제들을 위하여 목숨을 버리는 것이 마땅하니라(요일 3:16).

아빠가 되는 것은 희생의 소명입니다. 당신은 시간, 돈, 에너지, 감정 등 당신의 삶에 쏟아부을 수 있는 많은 것을 아이들을 위해 포기해야 합니다. 예수님도 당신을 위해 자신을 쏟아부으셨습니다. 그로 인해 당신이 엄청난 유익을 얻었듯이, 당신의 아이들도 당신의 희생으로 유익을 얻을 것입니다. 그리고 당신도 당신 자신을 위한 삶보다 희생의 삶에서 더 많은 것을 누리게 될 것입니다.

하나님, 다른 사람을 위해 목숨을 희생하는 사랑의 깊이는 감히 상상하기 어렵습니다. 진실로 그런 사람은 자신의 이익을 가장 우선시하는 자기애 앞에서 죽은 사람이라 할 수 있습니다. 주님이 십자가에서 그러한 사랑을 입증하셨습니다. 그리고 이제 그리스도인인 제가 주님의 발자취를 따라 형제들을 위하여 생명을 내려놓아야 합니다. 그것은 문자 그대로 생명을 버리는 것일 수도 있고, 제가 원하는 것을 부인하는 것일 수도 있습니다.

주님, 저를 도우셔서 아이들을 위해 제 생명을 내려놓게 하소서. 저를 도우셔서 골프 약속, 좋아하는 텔레비전 프로그램, 친구들과 밤새워 어울리는 일들을 멀리하고 가족과 함께 있게 하소서.

더러운 말을 삼가다

무릇 더러운 말은 너희 입 밖에도 내지 말고 오직 덕을 세우는 데 소용되는 대로 선한 말을 하여 듣는 자들에게 은혜를 끼치게 하라(엡 4:29).

그리스도인 아빠는 입에서 나오는 말에 주의를 기울여야 합니다. 당신이 해야 할 일은 아이들을 세우는 것이지, 그들을 무너뜨리는 것이 아닙니다. 오늘 밤 자녀들에게 어떤 말을 해야 힘을 줄 수 있을지 생각해 보십시오. 그리고 날마다 그렇게 하는 습관을 기르십시오.

주님, 주님의 말씀을 읽을 때면 저 자신과 주님 안에서 정립된 저의 새로운 정체성에 대해 주님이 들려 주시는 것들로 인해 경탄합니다. 저는 주님이 제게 주신 모든 약속에 놀랍니다. 저의 가치를 인정해 주시고, 저를 향한 주님의 사랑을 드러내시는 그 무수한 말씀을 사랑합니다. 주님의 말씀을 읽을 때마다 주님은 끊임없이 저를 세워 주시고 제게 주신 말씀들을 믿게 하십니다.

하나님 아버지, 저도 하나님처럼 아이들을 지지하게 하소서. 아이들을 은혜의 말로 세우게 하소서. 그들을 무너뜨리는 더러운 말을 하지 않게 하소서. 제 입을 지키셔서 아이들의 자존감에 해를 입히거나 약화시키는 말을 하지 않게 하소서.

짐을 나누다

너희가 짐을 서로 지라. 그리하여 그리스도의 법을 성취하라(갈 6:2).

모든 아빠는 짐을 집니다. 때로는 가벼운 짐을 지고, 때로는 무거운 짐을 집니다. 그러한 짐은 함께 질 때 가볍습니다. 당신이 교회의 다른 아버지들과 함께할 때, 그들도 당신의 짐을 함께 져 준다는 사실을 알고 있습니까? 특별히 나이 든 아버지들은 지혜의 샘입니다. 골치 아픈 문제가 생기면 그들을 찾아가서 도움을 구하십시오. 하나님이 딱 맞는 사람을 보내 주실 것입니다.

하나님, 아빠가 되는 것은 기쁨과 짐을 동시에 지는 특별한 일입니다. 제게 교회에 있는 또 다른 아빠들을 주셔서 함께 짐을 지게 하시니 감사합니다. 그들과 경험을 나누고 아버지로서 조언을 나누는 것이 참 좋습니다. 같은 마음을 지닌 남자들과 교제한다는 것만으로도 좋습니다.

주님은 오늘 제가 아이들을 위해 진 짐을 아십니다. 주님께서 제 형제들처럼 제 짐을 져 주시기를 기도합니다. 주님은 자기 백성의 짐을 져 주시는 위대한 분이십니다.

주님의 계획

사람의 마음에는 많은 계획이 있어도
오직 여호와의 뜻만이 완전히 서리라(잠 19:21).

아빠들이여, 당신의 계획이 하나님의 뜻과 부합하는지 살피십시오. 기도하고 하나님의 말씀과 부합하는지 점검하며, 아내나 당신이 신뢰하는 사람의 조언을 구하고, 모든 가능성에 문을 열어 두어 당신의 계획을 확정하십시오. 지혜로운 아빠는 충고를 듣지 않은 채 자기 뜻대로 계획을 시작하지 않습니다.

주님, 저에게는 저만의 계획이 있고 예상하는 일들이 있습니다. 하지만 저는 주님을 알고 신뢰하기에 주님의 계획을 따를 것입니다. 제 계획은 매일의 삶이 펼쳐지면서 필연적으로 무너지지만 주님의 계획은 굳건합니다. 저를 도우셔서 제 삶의 모든 면이 주님의 목적과 부합하게 하소서. 제가 세운 계획들을 조정하여 주님의 뜻을 이루는 도구로만 사용되게 하소서.

애국심

**뭇사람을 공경하며 형제를 사랑하며
하나님을 두려워하며 왕을 존대하라**(벧전 2:17).

아빠들이여, 아이들이 이 나라의 역사에서 성경의 영향력이 얼마나 지대했는지를 분명히 알게 하십시오. 아이들에게 자유를 지키기 위해서는 그러한 가치들이 여전히 중요하다는 사실을 가르치십시오. 나라와 지도자를 위해 기도하도록 가르치십시오.

주님, 자유롭게 주님을 예배하고 자유롭게 주님을 경배하라고 가르칠 수 있는 이 나라에 살게 하심이 얼마나 큰 축복인지요! 아빠로서 저는 아이들에게 인종이나 출신에 상관없이 사람을 존경해야 한다고 가르치겠습니다. 그리스도인 형제자매를 사랑하라고 가르치겠습니다. 더 나아가 주님을 경외하도록 가르치겠습니다. 주님을 경외하는 것이 지혜의 근원임을 알기 때문입니다.

또한 저는 권위 있는 자들을 존경하도록 가르치겠습니다. 저도 동참하여 우리나라의 지도자들을 위해 기도할 것이며, 선한 사람들이 권세의 자리에 서게 해 달라고 기도하도록 가르치겠습니다. 하나님, 계속해서 우리나라를 축복하시고 강하게 지켜 주소서. 이 나라를 자유롭게 지켜 주소서.

구원의 날

이르되 주 예수를 믿으라.
그리하면 너와 네 집이 구원을 받으리라 하고(행 16:31).

성경 곳곳에 하나님께서 한 사람이 아닌 가족 전체를 구원하시는 모습이 펼쳐집니다. 하나님은 당신의 가족 모두가 하나님을 알기 원한다는 사실을 믿으십시오. 자녀들에게 그리스도와 개인적인 관계를 맺어야 하는 필요성을 가르치십시오. 자녀들을 위해 기도하고 그들과 함께 기도하십시오.

하나님 아버지, 성경을 읽으며 주님의 뜻은 단지 개인을 구원하는 것이 아니라 가족 전체를 구원하는 것임을 깨닫습니다. 노아의 가족 모두가 멸망에서 구원받았습니다. 유월절에는 어린 양의 피로 온 가족이 구원받았습니다. 라합도 순종을 통해 혼자만 구원받은 것이 아니라 온 가족이 구원을 받았습니다. 사도행전에는 몇몇 가정이 모두 구원받았다고 기록되어 있습니다.

주님, 제 가족이 구원받을 것을 믿고 간절히 구합니다. 우리가 그리스도를 신뢰할 때 가족을 모두 구원해 주시리라 믿습니다. 우리 가족뿐 아니라 미래의 후손들을 위해서도 기도합니다. 우리 가족이 그리스도 안에서 주님께 생명을 바치는 신앙의 유산을 계속해서 전하는 가정이 되게 하소서.

하나님의 작품

우리는 하나님의 작품입니다(엡 2:10, 새번역).

하나님은 최고의 예술가이십니다! 자연 속에 베푸신 주님의 작품들을 봐도 그렇고 지금도 작업 중이신 주님의 작품을 거울로 들여다보아도 그렇습니다. 그분은 당신 안에서 선한 일을 시작하셨고 마무리하실 것입니다. 날마다 하나님의 붓질이 더해지고 그림도 점차 선명해집니다. 아빠들이여, 하나님이 당신 안에서 행하시는 일을 기뻐하십시오. 비록 당신에게는 보이지 않아도 하나님은 보고 계십니다.

하나님, 제 자녀들은 주님이 작업 중이신 작품입니다. 주님은 능숙한 붓질을 통해 그들을 이루는 각각의 선에 색을 더하십니다. 하나님의 손으로 그들의 몸을 조각하십니다. 하나님의 영으로 그들의 마음에 주님을 향한 열망을 심으셨습니다.

주님, 제 자녀들에게 행하시듯이 제게도 행하소서. 저 역시 주님의 자녀이며, 저 역시 주님이 빚으시는 작품입니다.

모든 자녀가 특별하다

주께서 내 내장을 지으시며 나의 모태에서 나를 만드셨나이다. 내가 주께 감사하옴은 나를 지으심이 심히 기묘하심이라. 주께서 하시는 일이 기이함을 내 영혼이 잘 아나이다. 내가 은밀한 데서 지음을 받고 땅의 깊은 곳에서 기이하게 지음을 받은 때에 나의 형체가 주의 앞에 숨겨지지 못하였나이다. 내 형질이 이루어지기 전에 주의 눈이 보셨으며 나를 위하여 정한 날이 하루도 되기 전에 주의 책에 다 기록이 되었나이다(시 139:13-16).

모든 자녀가 하나님께 특별한 것처럼 모든 아빠도 하나님께 특별합니다. 당신과 당신의 자녀 모두 주문 제작된 존재입니다. 당신의 자녀는 당신에게 배워야 할 교훈이 있고 당신은 당신 자녀에게 배워야 할 교훈이 있습니다. 아빠들이여, 당신과 당신의 자녀들이 하나님께 특별하다는 사실에 기뻐하십시오.

주님, 주님이 아이들을 세상에 태어나게 하시는 방식은 참으로 경이롭습니다. 아이들은 참으로 두렵게, 그리고 놀랍게 지음받았습니다. 그리고 모든 아이는 하나님이 계획하신 아이들로서 하나님이 계획하신 목적을 지니고 있습니다.

제가 주님이 매우 특별하게 여기시는 자녀들의 아버지가 되었다는 사실을 잊지 않게 해 주소서. 제게 은혜를 베푸시고 제 자녀들에게도 은혜를 베푸셔서 우리가 함께 자라게 하소서. 그리고 저 역시 주님께 특별한 자녀라는 사실을 잊지 않게 하소서.

영혼의 어두운 밤

저녁에는 울음이 깃들일지라도 아침에는 기쁨이 오리로다(시 30:5).

대부분의 아빠들은 영혼의 어두운 밤을 겪습니다. 하지만 절대로 혼자서 그 시기를 보내지 않습니다. 하나님께서 함께할 사람들을 보내 주십니다. 이미 그런 경험을 한 자들을 보내셔서 어두운 밤을 보내고 있는 다른 아빠와 함께 하도록 하시는 것입니다.

혹 당신이 지금 영혼의 어두운 밤을 지내고 있는데 함께하는 사람이 없을지도 모르겠습니다. 그러나 하나님은 분명히 당신과 함께 걸으십니다. 어두운 밤을 두려워하지 마십시오. 아침에는 기쁨이 찾아올 것입니다.

하나님, 아버지가 되는 일은 결코 쉽지 않습니다. 좋을 때는 좋지만, 나쁠 때는 제 영혼이 매우 괴롭습니다. 저를 아프게 합니다. 주님은 이를 저보다 더 잘 아십니다. 하나님께서 손수 창조하신 사람들이 하나님의 아들을 십자가에 못 박아 죽게 한 그때가 바로 영혼의 어두운 밤이었기 때문입니다. 주님, 감사합니다. 영혼의 어두운 날이 있기에 부활의 아침과 기쁨이 있습니다.

주님, 지금의 이 어두운 밤이 곧 끝나기를 간절히 기도합니다. 부활, 구속, 해답을 주소서. 제가 다시 아침을 기뻐하기까지 버틸 수 있는 힘을 주소서.

사탄의 방해

근신하라. 깨어라. 너희 대적 마귀가 우는 사자같이 두루 다니며 삼킬 자를 찾나니(벧전 5:8).

모든 아빠는 자신 안에 내장된 문제검출기(trouble detector)를 민감하게 유지해야 합니다. 자녀들의 적인 마귀는 당신이 경계를 늦출 때 은밀히 찾아옵니다. 발 디딜 자리만 확보하면 계속해서 더 많은 것을 요구합니다. 공격을 방어하기 가장 좋은 때는 공격이 시작된 바로 그 순간입니다. 하나님께 대적자의 공격에서 자녀들을 보호해 주시기를 계속 기도하십시오.

하나님 아버지, 제가 아빠 역할에 실패하도록 사탄이 자꾸 방해합니다. 사탄은 아이들에게 눈독을 들이고, 표적으로 삼아 해를 가하려 합니다. 그리고 그 목적을 이루기 위한 도구로 저를 이용하려 합니다. 하지만 유다의 사자이신 주님은 우는 사자와 같은 마귀에게서 저를 보호해 주십니다.

저를 지키사 제가 맡은 아버지의 역할을 약화시키고 제 가족을 삼키려는 마귀의 간계를 간파하게 하소서. 제게는 원수를 제어할 권세가 있으며 이 세상에 있는 그 누구보다 제 안에 있는 주님이 더 위대하다는 사실을 일깨워 주소서.

안 된다고 말해야 할 때

조금 나아가사 얼굴을 땅에 대시고 엎드려 기도하여 이르시되 내 아버지여 만일 할 만하시거든 이 잔을 내게서 지나가게 하옵소서. 그러나 나의 원대로 마시옵고 아버지의 원대로 하옵소서 하시고(마 26:39).

예수님은 고난의 잔이 지나가게 해 달라고 기도하셨습니다. 하지만 그렇게 되지 않았습니다. 하나님의 구원 계획에는 십자가의 고통이 반드시 수반되어야 했기 때문입니다. 아이들이 아무리 간청을 해도 안 된다고 말하는 것이 옳다면 거절해야 합니다. 대부분의 경우는 너그럽게 허용하십시오. 그러나 당신이 깊게 생각한 후에 거절했다면 절대로 미안해하지 마십시오.

주님, 예수님께서 아버지이신 하나님께 기도하셨던 것을 기억합니다. 주님은 할 만하시면 그 잔을 지나가게 해 달라고 구하셨습니다. 하지만 하나님은 말씀을 이루시기 위해, 그리고 저의 죄를 사하시기 위해 안 된다고 말씀하셔야 했습니다.

때로 아이들도 저에게 무언가를 간청합니다. 저도 진심으로 그렇게 해 주고 싶지만 그것이 최선이 아님을 알기에 안 된다고 말할 때가 있습니다. 주님, 제가 자녀들에게 "된다." 혹은 "안 된다"고 답할 때 분별력을 주소서. 많이 허락하고 적게 거절할 수 있기를 기도합니다. 아이들을 위해 내리는 모든 결정에서 "나의 원대로 마옵시고 아버지의 원대로 하옵소서."라고 기도하게 하소서.

아빠, 아버지!

너희가 아들이므로 하나님이 그 아들의 영을 우리 마음 가운데 보내사 **아빠 아버지**라 부르게 하셨느니라(갈 4:6).

아빠에게는 퇴근을 하거나 출장을 마치고 집에 왔을 때 아이들이 달려와 팔에 안기는 것보다 더 큰 기쁨이 없습니다. 하나님도 당신의 마음에 성령님을 보내셔서 하나님을 "아빠, 아버지!"라고 부르게 하시며, 당신이 그렇게 할 때 기쁨을 표출하십니다. 오늘 하나님을 "아빠"로 아는 기쁨을 누리십시오.

주님, 저는 문에 들어설 때 아이들이 "아빠!" 하고 반겨 주는 순간이 참 좋습니다. 때로 아이들은 제 팔에 안겨 뽀뽀를 하기도 합니다. 아이들이 저를 보면서 안아 주기를 기대하는 모습을 보면 참으로 기쁩니다. 그런 감정에는 주님과 저의 관계에 영향을 미치는 무언가가 있습니다. 제가 주님의 팔을 향해 달려가는 것은 아니지만 주님이 제 하늘 아버지라는 기쁨이 있습니다. 때로는 주님이 얼마나 좋은지 "아빠! 아버지!"라고 큰 소리로 외치고 싶기도 합니다. 주님은 저를 아들로 삼으셨습니다. 주님의 영을 제 마음 가운데 보내셔서 제가 기쁘게 외칠 수 있게 하셨습니다.

주님, 오늘도, 그리고 매일 제가 그렇게 할 수 있게 하소서. 주님은 저의 아빠 아버지이십니다.

격려자

아비들아 너희 자녀를 노엽게 하지 말지니 낙심할까 함이라(골 3:21).

좋은 아빠는 격려를 받아야 합니다. 또한 아빠들은 격려하는 자가 되어야 합니다. 가족을 노엽게 하면 안 됩니다. 엄마와 아이들이 무언가 노력했다면 아빠의 격려를 들어야 합니다. 무언가에 실패했거나 일을 망쳤을 때는 더더욱 격려가 필요합니다. 당신이 가족의 팬클럽 회원이라는 사실을 그들이 분명히 알게 하십시오.

주님, 저는 때로 아이들이 잘못하면 짜증을 냅니다. 그러면 그 결과는 아이들을 노엽게 하거나 저도 모르게 아이들을 좌절하게 만드는 것이 됩니다.

저를 도우셔서 자녀들을 노엽게 하지 않게 하소서. 자녀들이 저를 실망시켰을 때도 화내는 대신 격려하게 하시고, 그들을 세워 줄 방법을 보여 주소서.

잘한 일에 대해서는 칭찬으로, 최선을 다하지 않았을 때는 개선할 방법을 알려 주는 것으로 아이들을 세우게 하소서. 그리고 아이들이 잘못했을 때는 침착함을 유지하며 상황을 평화롭게 해결할 수 있도록 도우소서.

기도의 전사

우리의 씨름은 혈과 육을 상대하는 것이 아니요 통치자들과 권세들과 이 어둠의 세상 주관자들과 하늘에 있는 악의 영들을 상대함이라(엡 6:12).

문제보다 당신을 빨리 무릎 꿇게 하는 것도 없습니다. 때로는 원수가 당신의 가족을 공격하여 문제가 발생하기도 합니다. 그럴 때 아빠들은 전사가 되어야 합니다. 바로 기도의 전사입니다. 당신에게는 가족을 기도로 보호할 수 있는 엄청난 권세가 있습니다.

하나님, 원수가 제 자녀들을 노리고 계획을 세우는 것은 놀라운 일이 아닙니다. 악한 영은 계속해서 순수함을 파괴하려고 애를 씁니다. 심지어 예수님도 마귀에게 시험을 당하셨습니다. 하나님의 아들조차 사탄의 표적이었다면 제 자녀들 역시 그러할 것입니다.

저는 아이들의 아빠이기에 주님은 제 안에 아이들을 보호하는 아버지의 본능을 심어 주셨습니다. 제게 힘을 주셔서 아이들 모두를 위해 기도할 수 있게 하셨습니다. 주님이 제 기도를 도우시기에 아이들을 향한 사탄의 공격을 차단할 수 있습니다.

하나님 아버지, 원수가 자녀들을 향해 계획을 세울 때, 빠르게 인지하여 악마의 계교를 파하는 하나님의 권세로 기도하게 하소서. 주님, 절대로 원수가 제 자녀를 차지할 수 없습니다!

범사에 감사

**범사에 우리 주 예수 그리스도의 이름으로
항상 아버지 하나님께 감사하며**(엡 5:20).

당신에게는 하나님께 감사할 것이 정말 많습니다. 시간을 내서 하나님이 당신의 삶에 주신 축복을 적고 하나님을 찬양하십시오.

주님, 오늘 감사할 것이 정말 많습니다. 항상 감사해야 한다는 사실을 알면서도 매일 그러지는 못했습니다. 매일 새로운 상황이 생기기 때문에 때로는 심란하기도 합니다. 하지만 그런 날에도 항상 감사해야 한다는 사실을 기억하게 하소서. 언제나 주님이 통치하시며 주님은 언제나 선하십니다.

하나님, 제가 주님을 찬양하고 감사드려야 할 많은 이유 중에 다섯 가지를 생각해 봅니다.

1.
2.
3.
4.
5.

축복의 쉼터

집은 지혜로 말미암아 건축되고 명철로 말미암아 견고하게 되며 또 방들은 지식으로 말미암아 각종 귀하고 아름다운 보배로 채우게 되느니라(잠 24:3-4).

지혜로운 아빠는 집안에 자신이 해야 할 일이 많다는 사실뿐 아니라 집을 가정으로 변화시켜야 한다는 사실도 압니다. 물론 엄마의 도움이 있어야 합니다. 당신의 집에는 아이들의 추억이 있습니다. 그 추억들을 아름다운 것들로 만들어 가십시오. 아이들이 자신의 방을 스스로 꾸밀 수 있게 도우십시오. 나무를 어디에 심어야 할지 결정할 때도 아이들이 돕게 하십시오. 자녀들과 몸을 맞대며 놀 수 있는 특별한 공간을 만드십시오. 또한 가족이 함께 기도하는 공간도 잊지 마십시오.

주님, 제가 가정을 생각할 때 주님이 축복을 주시는 곳으로 인식하기를 원합니다. 제 가정이 평화와 사랑과 안전함이 깃든 쉼터가 되기를 원합니다.

저를 도우셔서 그런 가정을 만들어 나가게 하소서. 지혜와 명철과 지식을 주셔서 귀하고 아름다운 보배로 가족의 방을 채워 나가게 하소서. 오, 하나님! 우리 가정의 주님이 되어 주시기를 요청합니다.

자존감 가르치기

너희에게는 심지어 머리털까지도 다 세신 바 되었나니 두려워하지 말라. 너희는 많은 참새보다 더 귀하니라(눅 12:7).

그리스도인의 가정에서는 어떤 자녀도 자신의 존재 가치를 의심하거나 낮은 자존감으로 고통받는 일이 있어서는 안 됩니다. 모든 자녀는 하나님의 형상으로 창조되었고, 하나님은 아이들의 모든 호흡을 정하셨으며, 머리털까지도 다 세신 바 되었고, 많은 참새보다 그들을 귀하게 여기십니다. 아이들은 하나님의 눈에 자신이 얼마나 소중한 존재인지를 일찍부터 배워야 합니다. 그리고 아빠들의 눈에도 자신이 얼마나 소중한 존재인지 배워야 합니다.

주님을 찬양합니다. 저와 제 가정을 사랑해 주셔서 감사합니다. 우리에게 하루를 허락해 주셔서 감사합니다. 우리 가족 모두를 고유하게 지어 주시고, 주님이 주신 재능으로 채워 주셔서 감사합니다. 주님은 우리의 모든 머리털까지 세신 바 되셨습니다. 주님께 우리는 많은 참새보다 더 귀합니다. 자녀들에게 주님의 손으로, 주님의 형상을 따라 만들어진 놀라운 존재라는 자존감을 줄 수 있기를 기도합니다. 자녀들에게 주님의 사랑과 돌보심을 받을 때 나오는 자신감을 심어 주게 하소서. 온 가족이 개인을 향한 주님의 깊은 사랑을 깨닫기를 기도합니다.

자연이라는 선물

여호와 하나님이 그 사람을 이끌어 에덴 동산에 두어 그것을 경작하며 지키게 하시고(창 2:15).

훌륭한 아빠는 자녀들에게 하나님이 주신 모든 것을 잘 관리하는 선한 청지기가 되라고 가르칩니다. 자녀들이 '청지기'의 의미를 잘 이해하도록 도와주십시오. 그리고 어떻게 하면 하나님께서 주신 것을 더 잘 돌볼 수 있을지 자녀들이 제안할 수 있게 하십시오.

하나님 아버지, 이 땅을 주셔서 감사합니다. 우리가 누리는 모든 것으로 인해 감사합니다. 먹을거리를 내는 땅과 숨쉴 수 있는 공기와 마실 수 있는 물과 오를 수 있는 산과 헤엄칠 수 있는 바다와 강을 주셨습니다. 참으로 우리의 유익을 위해 이 모든 것을 베푸셨고, 자연을 통해 주님의 창조성을 맘껏 드러내셨습니다.

주님, 자녀들에게 주님이 주신 모든 것을 감사할 수 있도록 가르치게 하소서. 우리가 사는 동네, 도시, 나라에서 제가 선한 청지기의 모습을 보이게 하소서. 주님이 베푸신 자연을 보존하는 데 본이 될 수 있도록 여러 가지 창조적인 생각을 주소서. 눈에 보이는 모든 것이 주님의 풍성한 손에서 나온 것임을 가르치게 하소서. 그리고 감사하게 하소서. 주님, 저는 그저 진정으로 감사할 뿐입니다.

고아를 돌보다

그의 거룩한 처소에 계신 하나님은
고아의 아버지시며 과부의 재판장이시라(시 68:5).

훌륭한 그리스도인 아빠는 모두의 보배입니다. 이는 당신이 아빠가 없는 자녀의 친구들이나 교회 아이들에게 선한 영향을 미치는 사람이 될 수 있다는 뜻입니다. 아버지와 캠핑을 가거나, 농구를 하거나, 책꽂이를 만들 기회가 없는 아이들에게도 아버지 같은 존재가 되어 주는 것입니다. 때로는 아빠와 같은 모습으로 있어 주는 것만으로도 그 아이들에게는 매우 큰 의미가 됩니다.

주님, 저는 주님을 아버지의 롤모델로 여깁니다. 주님은 저만의 아버지가 아니며 이 땅의 아빠가 없는 모든 이에게 참아버지가 되십니다. 이따금 주님은 아버지가 없는 아이들이 제 앞에 나타나게 하십니다. 때로는 아버지가 있더라도 사정이 있어 그들과 함께 있어 주지 못합니다. 제 자녀들의 아빠가 되는 것은 고귀한 소명입니다. 하지만 주님께서 제 앞에 아버지의 따뜻한 응원이 필요한 아이들이 나타나게 하실 때에는 그들의 필요를 보게 하소서. 주님이 반응하신 것처럼 저도 반응하게 하소서. 아버지가 없는 아이들을 향한 마음을 주옵소서. 작은 일이든 큰일이든 제가 할 수 있는 한 무엇이든 돕겠습니다.

대가 없는 선행

너는 구제할 때에 오른손이 하는 것을 왼손이 모르게 하여(마 6:3).

아빠들이여, 자녀들에게 대가 없이 선행을 베푸는 기쁨을 가르치십시오. 때로는 자녀들 모르게 자녀들에게 선행을 베풂으로써 이러한 행동의 본이 될 수도 있습니다. 물론 비밀은 지켜지지 않을지도 모르지만 말입니다.

주님, 제 아이들에게 가르치고 본을 보여야 할 많은 일 중에서 다른 사람들에게 대가 없이 선을 베푸는 것이 최우선순위가 되길 기도합니다. 본래 아이들은 주는 쪽보다 받는 쪽에 가깝습니다. 그들은 주기보다 받기 원하는 것이 당연합니다.

제가 자녀들에게 받는 것이 아닌 주는 것에서 오는 참된 행복을 보여 주게 하소서. 자녀들이 자신을 밝히지 않고 대가 없는 선행을 베풀 기회를 제게 보여 주소서. 그리하여 저뿐 아니라 제 자녀들이 그 일을 통해 기쁨을 느끼게 하소서.

평범한 아빠가 세상을 바꾼다

여호와께서 나를 위하여 보상해 주시리이다. 여호와여 주의 인자하심이 영원하오니 주의 손으로 지으신 것을 버리지 마옵소서(시 138:8).

그리스도인 아빠들이 하나님을 사랑하고 기도하는 성숙한 자녀들을 길러 내는 본분을 다한다면 이 세상은 20년 후에 어떻게 달라질까요? 아마도 전 세계에 대단한 일이 일어날 것입니다. 물론 당신이 온 세상 모든 아이의 아빠가 될 수는 없습니다. 하지만 당신의 자녀에게는 그런 아빠가 될 수 있습니다. 당신의 아이들에게만큼은 탁월한 그리스도인 아빠로 살아가겠다는 마음을 품으십시오.

아버지, 저를 아빠가 되게 하시고 그에 따라 목적을 주시니 감사합니다. 주님의 인자하심에 감사합니다. 주님의 손으로 직접 빚으신 작품들을 제게 주셔서 감사합니다. 주님은 모태에서부터 아이들을 지으셨고 저와 제 아내에게 태어나게 하셔서 목적을 가지고 기르게 하셨습니다. 그들을 중요한 인물들로 키울 수 있기를 기도합니다. 이 세상에 악한 영향이 아닌 선한 영향을 미치는 사람들로 양육하게 하소서.

주님, 오늘부터 영원까지 제 자녀들에게 안수하여 주소서. 그리고 그들을 주님을 사랑하는 자녀들로 길러 내도록 제게도 안수하여 주소서.

신뢰할 만한 남자

너희는 열매 없는 어둠의 일에 참여하지 말고 도리어 책망하라(엡 5:11).

당신의 자녀들은 위험한 시대에 살고 있습니다. 어린아이들이나 순수한 사람들이 이용을 당합니다. 아이와 여성을 범하는 남자들에 관한 보도가 잇따르고, 그로 인해 남성의 평판이 손상을 받습니다. 당신은 모든 면에서, 그리고 모든 상황에서 신뢰할 만한 남자가 되겠다고 서약함으로써, 남성의 평판을 바꿀 수 있습니다. 단지 다른 사람을 범하지 않는 것에 그치지 않고, 악한 자들에게 피해를 당한 자들을 지키는 남자로 살아가야 합니다.

하나님 아버지, 순수함을 지켜야 할 필요성을 볼 수 있는 눈을 주소서. 저를 아는 사람들이 저에게 의지할 수 있고 신뢰할 만한 안전한 남자로 여기게 하소서. 제가 성령님의 능력으로 소리를 내고 앞으로 나가 남자답게 여성과 아이에게 가해지는 학대와 폭력을 멈추게 하소서. 제 자녀들과 자녀들의 친구들에게 그리스도인 남자의 본이 되게 하소서. 모든 남자가 주님을 사랑하고 주님의 백성을 사랑하는 안전한 남자들로 세워지게 하소서. 강력한 정신과 영혼과 육체를 지닌 참된 남자의 세대를 일으키소서.

사명선언문

너희가 흠이 없고 순전하여……세상에서 그들 가운데 빛들로
나타내며 생명의 말씀을 밝혀 _ 빌 2:15-16

1. 생명을 담겠습니다
만드는 책에 주님 주신 생명을 담겠습니다.
그 책으로 복음을 선포하겠습니다.

2. 말씀을 밝히겠습니다
생명의 근본은 말씀입니다.
말씀을 밝혀 성도와 교회의 성장을 돕겠습니다.

3. 빛이 되겠습니다
시대와 영혼의 어두움을 밝혀 주님 앞으로 이끄는
빛이 되는 책을 만들겠습니다.

4. 순전히 행하겠습니다
책을 만들고 전하는 일과 경영하는 일에 부끄러움이 없는
정직함으로 행하겠습니다.

5. 끝까지 전파하겠습니다
모든 사람에게, 땅 끝까지, 주님 오시는 그날까지
복음을 전하는 사명을 다하겠습니다.

서점 안내

광화문점 서울시 종로구 새문안로 69 구세군회관 1층
02)737-2288(T) 02)737-4623(F)

강남점 서울시 서초구 신반포로 177 반포쇼핑타운 3동 2층
02)595-1211(T) 02)595-3549(F)

구로점 서울시 구로구 시흥대로 577 3층
02)858-8744(T) 02)838-0653(F)

노원점 서울시 노원구 동일로 1366 삼봉빌딩 지하 1층
02)938-7979(T) 02)3391-6169(F)

분당점 경기도 성남시 분당구 황새울로 315 대현빌딩 3층
031)707-5566(T) 031)707-4999(F)

일산점 경기도 고양시 일산서구 중앙로 1391 레이크타운 지하 1층
031)916-8787(T) 031)916-8788(F)

의정부점 경기도 의정부시 청사로47번길 12 성산타워 3층
031)845-0600(T) 031)852-6930(F)

인터넷서점 www.lifebook.co.kr